AF390093

LES JEUX DES ENFANTS

LES
JEUX DES ENFANTS

ÉTUDE SUR L'IMAGINATION CRÉATRICE
CHEZ L'ENFANT

PAR

FRÉDÉRIC QUEYRAT

Professeur de philosophie au collège de Mauriac.

—

PARIS

FÉLIX ALCAN, ÉDITEUR

ANCIENNE LIBRAIRIE GERMER BAILLIÈRE ET Cie

108, BOULEVARD SAINT-GERMAIN, 108

1905

PRÉFACE

Ce livre s'adresse aux maîtres du jeune âge aussi bien qu'aux parents. Mais il convient d'une façon toute spéciale aux mères, à qui incombe principalement la tâche de veiller sur les premières années des enfants. En leur faisant saisir le sens profond du jeu, il tracera, par là même, la ligne de conduite qu'elles doivent suivre : il leur permettra de discerner quels jeux elles auront à encourager, dans quel cas, au contraire, il importera qu'elles s'abstiennent de toute intervention. Le jeu a une valeur éducative que trop de personnes ne soupçonnent pas. Et pourtant le rôle qui lui revient dans le développement physique et mental de l'enfant est considérable, ainsi que cela ressortira, nous l'espérons, de la lecture de cet ouvrage.

Après un rapide examen des modes généraux de l'imagination créatrice chez l'enfant, nous nous sommes appliqué à montrer en quoi consiste l'essence véritable du jeu et à déterminer la nature des phénomènes psychiques qui l'accompagnent. Puis, passant en revue les sortes principales de jeux auxquels se livrent les enfants, nous avons tenté de démêler, à côté de l'intervention plus ou moins apparente de l'hérédité, de l'imitation ou de l'imagination, la fin sérieuse à laquelle tendent les divers jeux, leur utilité pratique. Et précisément parce qu'il est d'une importance sans égale pour les petites filles, et aussi parce qu'il est universel, nous avons cru devoir considérer à part le jeu de la poupée. Il ne nous restait, après cela, qu'à tirer de cette étude quelques conclusions sur la nature des jouets qu'il convient de mettre entre les mains des enfants : ainsi avons-nous fait.

De même que précédemment, nous n'avons pas craint de multiplier les exemples, comptant bien que, dans un pareil sujet surtout, personne ne se plaindrait de les trouver nombreux et variés.

Puisse ce petit livre contribuer à l'éducation psychologique de la femme, éducation dont on est en droit d'attendre de si précieux résultats.

LES JEUX DES ENFANTS

INTRODUCTION

L'IMAGINATION CRÉATRICE CHEZ L'ENFANT

Variétés de l'imagination enfantine. — Elles proviennent :
1º de l'originalité plus ou moins grande ; — 2º de la diversité des matériaux ; — 3º du caractère. — Quatre stades principaux de son développement. — Premier stade : *Perception illusoire des choses :* — degrés divers : 1º rôle de l'imagination dans la perception normale ; — 2º jeux de l'imagination dans la perception indistincte ; — 3º illusions des sens ; — 4º hallucinations. — Exemples. — Illusion spéciale : amplification des choses ; — exemples divers. — Deuxième stade : *Animation de toutes choses :* — degrés divers : 1º croyance à l'existence, partout répandue, d'êtres dans la nature ; — 2º animation proprement dite des choses ; — 3º réification et personnification d'abstractions. — Exemples. — Troisième stade : *le Jeu.* — Quatrième stade : *l'Invention romanesque :* — degrés divers : 1º projection dans le monde réel des images évoquées par les récits et les lectures ; — 2º réalisation mentale des mêmes images ; — 3º invention proprement dite : — ses degrés propres. — Exemples divers. — Puissance de l'imagination enfantine.

Il est de toute évidence qu'une étude sur l'imagination créatrice chez l'enfant ne peut être faite qu'à un point de vue très large et ne saurait aboutir, par conséquent, à des résultats susceptibles d'être vérifiés dans chaque enfant en particulier, mais qu'elle doit permettre seulement de dégager les formes générales de cette imagination et de marquer les stades principaux de son développement. La raison d'un tel fait provient d'abord de ce qu'à côté d'enfants très imaginatifs, il en est qui le sont beaucoup moins et d'autres qui ne le sont que très peu, sinon pas du tout. Il n'y a rien là qui puisse surprendre.

Mais, chez les premiers même, les éléments constitutifs de l'imagination ne laissent pas d'offrir des différences radicales, certains enfants étant, par nature, plus aptes à vivre dans le monde des couleurs ou des formes; d'autres dans celui des sons; d'autres encore dans le monde du mouvement et de l'action. Nous avons, ailleurs (1), traité suffisamment de ce point pour n'avoir pas à y insister ici.

En outre, à côté de ces orientations différentes de l'imagination, dues à la diversité des images qui en sont le point de départ, il faut tenir compte de l'influence exercée par le tempérament, suivant qu'il est, par exemple, robuste ou chétif, lymphatique ou nerveux; et, par suite, des dispositions affectives, du caractère triste ou joyeux, indolent ou actif, hardi ou timide, exubérant ou concentré. D'où il résulte qu'un enfant verra de préférence le côté brillant et gai des

____

(1) *L'Imagination et ses variétés chez l'enfant.*

choses, tandis qu'un autre se complaira plutôt aux images sombres ou terribles (1).

Ces réserves faites, on peut distinguer dans le développement de l'imagination enfantine quatre stades principaux, moins différenciés, au reste, par l'ordre chronologique que par la part croissante qui y revient à l'invention.

Un premier stade, et par là se marque la transition de l'imagination purement reproductrice à l'imagination créatrice, consiste dans la *perception illusoire des choses* par l'enfant.

Il n'est pas douteux que l'imagination joue un rôle considérable dans la connaissance que nous avons des objets extérieurs. Une tache lumineuse ou colorée est interprétée par nous comme étant tantôt une pierre, tantôt une flaque d'eau plus ou moins profonde, parce que, d'après notre expérience passée, nous complétons par l'imagination la sensation visuelle et lui attribuons les qualités qui constituent un corps dur et solide, une étendue liquide et mouvante. Voyons-nous de loin, ou par derrière, une personne dont l'aspect nous est familier, nous nous figurons les traits de son visage. Entendons-nous un son, percevons-nous un parfum, nous nous représentons une voiture ou une cloche, une violette ou une rose.

De tels faits, à la vérité, relèvent encore de l'imagination reproductrice. Mais un premier progrès est accompli, quand, par exemple, l'objet de la percep

(1) Cf. *Les Caractères et l'éducation morale.*

tion visuelle, étant de forme indistincte, autorise ainsi une variété plus ou moins grande d'interprétations : le jeu capricieux de la fantaisie se donne alors carrière. « C'est ce que montre ce passe-temps bien connu qui consiste à découvrir des formes familières, telles que celles de la tête humaine ou de certains animaux, dans des rochers éloignés et dans les nuages, ou encore à apercevoir des images dans le feu, et ainsi de suite. Les formes vagues et indécises des masses de rochers, de nuages ou de charbons ardents offrent un large champ à la fantaisie créatrice ; et une personne à l'imagination vive découvrira des formes sans nombre là où il n'y a, pour un œil sans imagination, qu'un chaos informe. Jean Müller raconte que, dans son enfance, il passait des heures entières à découvrir des contours et des formes dans le stuc, çà et là noirci et fendu, de la maison située en face de la sienne (1). »

Les diverses illusions des sens sont un exemple frappant de cette intervention de l'imagination dans la perception. Un buisson fait au peureux l'effet d'un brigand en embuscade, un léger brouillard est pris pour un fantôme, une branche d'arbre pour un serpent. Or, si l'imagination peut de la sorte transformer la réalité, où donc y réussirait-elle avec plus de succès et plus de puissance que chez les enfants qui, vu leur expérience très restreinte, ne sont pas pré-

____

(1) Sully, *Les Illusions des sens et de l'esprit*, pp. 72-73.

munis, comme les adultes, contre de telles métamor-
phoses (1).

Parfois même, certains d'entre eux, plus imaginatifs, en arrivent à réaliser objectivement, à prendre
pour de vraies perceptions, des images nées dans
leur esprit en dehors de toute modification des organes des sens, de toute excitation extérieure. L'image
est alors hallucinatoire : « Ma mère, dit Anatole
France (*Le Livre de mon ami*, p. 9), plaçait chaque
nuit mon berceau au milieu de la chambre, sans
doute pour le rapprocher de son lit, dont les rideaux
immenses me remplissaient de crainte et d'admiration. A peine étais-je couché, que des personnages
tout à fait étrangers à ma famille se mettaient à dé-
filer autour de moi. Ils avaient des nez en bec de
cigogne, des moustaches hérissées, des ventres poin-
tus et des jambes comme des pattes de coq. Ils se
montraient de profil, avec un œil rond au milieu de
la joue et défilaient, portant balais, broches, gui-
tares, seringues et quelques instruments inconnus. »

Une variété d'illusion qui persiste assez longtemps

(1) Un phénomène analogue se produit dans la reconnais-
sance des objets peints ou dessinés. « Cette faculté qui permet de supposer un objet à la place d'un autre, dit Mme Necker de Saussure, se déclare de très bonne heure chez les
enfants. J'en ai vu un, de douze mois, reconnaître un très
petit chien sur une gravure. Tous s'amusent des estampes
après un an ; cependant ni la forme, ni la grandeur, ni la
couleur véritable des objets, ne sont reproduites par cette
surface plate, par cette multitude de traits noirs... (*L'Éduca
tion progressive*, liv. III, ch. V).

dans la vie enfantine et dont, par un appel à ses souvenirs, chacun remarquera aisément l'existence, consiste dans le grossissement des objets. L'imagination de l'enfant est essentiellement amplificative. Peut-être est-ce une conséquence de la comparaison qu'il fait de ce qui l'entoure avec lui-même, qui est si petit, peut-être aussi, et plus probablement, cela tient-il à son manque d'expérience (1), mais, personnes et choses, il' voit tout en grand. On vient de lire quelle impression produisaient sur Anatole France les rideaux du lit maternel. Le même écrivain ajoute (p. 35) : « Je me représentais mon père, ma mère et ma bonne comme des géants très doux, témoins des premiers jours du monde, immuables, éternels, uniques dans leur espèce. J'avais la certitude qu'ils sauraient me garder de tout mal et j'éprouvais près d'eux une entière sécurité. »

Telle est la raison pour laquelle le souvenir des lieux où s'est écoulée notre enfance, concorde si peu avec la réalité. Bien qu'ils soient restés les mêmes, nous sommes, plus tard, tout étonnés de les trouver si différents ; tout semble diminué : les maisons et les montagnes ont perdu de leur hauteur, les distances se sont rapprochées. Loti, revenu, après quinze an-

(1) C'était l'avis de La Fontaine :

Un souriceau tout jeune, et *qui n'avait rien vu,*
Fut presque pris au dépourvu.
Voici comme il conta l'aventure à sa mère :
« J'avais franchi *les monts* qui bornent cet État... »

nées d'absence, en pèlerinage de souvenir, dans un petit coin du Midi où, jeune écolier, il avait passé par trois fois de délicieuses vacances, fut désagréablement surpris d'en trouver l'aspect complètement changé. « J'entrai, dit-il, dans ce jardin, qui me parut tout rapetissé sous le ciel gris. J'allai d'abord au berceau du fond, — effeuillé, désolé aujourd'hui, — et, à l'aide toujours de cette même brèche du mur qui me servait jadis, je me hissai sur le faîte, pour regarder furtivement la campagne d'alentour, lui dire à la hâte un suprême adieu : le domaine de Bories m'apparut, alors, singulièrement rapproché et rapetissé lui aussi ; méconnaissable, comme du reste ces montagnes du fond qui avaient l'air de s'être abaissées pour n'être plus que de petites collines. Et tout cela, que j'avais vu jadis si ensoleillé, était sinistre aujourd'hui, sous ces nuages de novembre, sous cette lumière terne et grise (1). »

(1) *Le Roman d'un enfant*, p. 3.3. — En revoyant le Durtin, petite rivière des environs de Provins, sur les bords de laquelle il avait joué dans son enfance, le poète Pierre Lebrun s'écrie :

> Est-ce le Durtin que je vois ?
> Lui ! le Durtin ! le puis-je croire ?
> Si grand à mes yeux autrefois !
> Si large encor dans ma mémoire !
>
> C'était une rivière immense,
> Dont les roseaux, mêlés de jonc,
> Semblaient à ma petite enfance
> Cacher des abîmes sans fond.

C'est par un effet de cette tendance qui le porte à tout amplifier que l'enfant prend une petite nappe d'eau pour un lac, une cascade insignifiante pour un Niagara, un léger pli du sol pour un précipice, quelques arbres pour un bois ou une forêt. Henri, qui a quatre ans et demi, s'est glissé dans le jardin entre un gros tulipier de Virginie et trois ou quatre rosiers, et il dit à son frère Paul : « C'est là un bois ; il n'y a pas de loups (1). »

Jusqu'ici le rôle de l'imagination créatrice, bien que réel pourtant, est assez borné. Il consiste simplement dans l'exagération, ou bien la transformation de données sensibles, par suite d'une perception plus ou moins confuse, qui prête à des interprétations diverses, ou encore dans la projection au dehors, dans l'extériorisation d'images que l'activité des sens amoindrie ou supprimée ne parvient pas à réduire et qui tendent, par là même, à s'objectiver et à entraîner la croyance. Mais c'est au deuxième stade, au-

> Je la retrouve murmurante
> Sur un lit qui, mousseux et doux,
> Laisserait compter ses cailloux
> Comme une source transparente.

(1) A propos d'une grotte en rocaille que sa mère lui avait bâtie, G. Sand écrit (*Histoire de ma vie*, 2ᵉ partie, ch. XVI): « J'ai besoin de me rappeler qu'en montant sur ses premières assises, je pouvais atteindre le sommet, j'ai besoin de voir le petit emplacement qu'elle occupait, et qui existe encore, pour ne pas me persuader, encore aujourd'hui, que c'était une caverne de montagne. »

quel nous arrivons maintenant, que l'imagination créatrice prend vraiment son essor.

D'abord, *elle peuple la nature d'êtres de toutes sortes,* la remplit de formes inconnues, les unes admirables, les autres terribles. Par delà le lointain horizon, derrière les bois, les montagnes, elle crée un monde entièrement nouveau. « Le monde extérieur, remarque J. Sully (1), autant que l'enfant peut l'apercevoir confusément, excite son étonnement, sa curiosité et son désir de remplir les espaces vides, afin de combler les lacunes de son ignorance. Les distances exercent sur lui une étrange fascination. La chaîne des collines, très éloignée, à peine visible de la maison de l'enfant, a été, bien des fois, dotée par sa riche imagination de toutes sortes de beautés merveilleuses et peuplée d'un grand nombre d'étranges créatures. »

Peut-être trouvons-nous dans ce fait la clef du charme magique qu'exerce sur l'enfant le mystère des retraites secrètes, des recoins et des bois sombres : « Ma mère, dit Anatole France, n'entr'ouvrait pas son armoire à glace sans me faire éprouver une curiosité fine et pleine de poésie. Qu'y avait-il donc dans cette armoire ? » — « J'éprouvais une joie étrange, constate de son côté Pierre Loti, à aller jusque dans les recoins obscurs, où me prenaient je ne sais quelles frayeurs de choses sans nom ; puis à revenir me réfugier dans le cercle de lumière, en

(1) *Études sur l'Enfance,* p. 74.

regardant avec un frisson si rien n'était sorti derrière moi de ces coins d'ombre, pour me poursuivre... Surtout, il y avait une porte, entr'ouverte sur un vestibule tout noir — lequel donnait sur le grand salon, plus noir et plus vide encore — oh ! cette porte, je la fixais maintenant de mes pleins yeux, et, pour rien au monde, je n'aurais osé lui tourner le dos. »

L'enfant ne s'arrête pas là. Non content de croire à l'existence, partout répandue dans la nature, d'êtres vivants plus ou moins analogues à lui, *il anime et personnifie les choses mêmes*. Semblable en cela à l'homme primitif, il accorde le sentiment et la vie à ce que nous regardons comme inerte et comme absolument inconscient, et suppose dans les divers objets des émotions, des désirs ou des volontés pareils aux nôtres. Ainsi, « il ne donne pas seulement un corps, mais une âme au vent qui siffle et qui hurle pendant la nuit. Les choses les plus insignifiantes s'animent au souffle réchauffant de la fantaisie enfantine. Les lettres deviennent presque des personnes. Un bambin d'un an et huit mois s'était pris d'une telle passion pour la lettre w qu'il l'appelait toujours : « Ce cher vieux w. » Un autre bonhomme de quatre ans, étant occupé à écrire la lettre L, laissa glisser sa plume de telle façon que le trait horizontal formât un angle L. L'enfant vit aussitôt qu'il ressemblait à un être humain au repos et dit : « Tiens ! il s'est assis. » Il fit aussi un F tourné du mauvais côté, et traçant

la forme correcte du côté gauche, F Ⅎ, il s'écria :
« Ils causent ensemble (1). »

Si vive est la conviction de l'enfant qui attribue le sentiment aux choses, que par contre-coup s'éveille en lui la sympathie à leur égard. Dans les larmes qu'il verse sur la perte des joujoux ou des ustensiles dont il se sert, il y a, comme le remarque Mme Necker de Saussure (2), quelque chose de beaucoup plus tendre que le regret qu'on donne à ce qui est simplement utile. Une véritable pitié s'y associe. *Cette pauvre tasse !* dit-il, le cœur gros en voyant les débris de celle qu'il a cassée, *je l'aimais tant !*

Aussi tente-t-il parfois de soulager les peines qu'il s'imagine ressenties par les êtres inanimés : « A l'âge de deux ans ou à peu près, raconte miss Ingelow, et pendant plus d'une année, j'avais l'habitude d'attribuer une intelligence semblable à la mienne et tout aussi développée, non seulement à tous les êtres vivants, mais aux pierres mêmes et aux objets fabriqués. Je pensais que les cailloux de la grande route devaient bien s'ennuyer d'être obligés de rester immobiles et de ne rien voir que ce qui les entourait. Aussi lorsque je sortais avec mon petit panier à fleurs, je ramassais quelquefois un ou deux cailloux que j'emportais avec moi pour les changer un peu de voisinage ; arrivée au but de ma promenade, je les

(1) Sully, *ouv. cité*, p. 43.
(2) *L'Éducation progressive*, t. I, p. 185.

posais à terre, persuadée qu'ils seraient ravis de voir un nouveau spectacle (1). »

La vie des plantes n'excite pas moins sa sensibilité. Une petite fille de huit ans, citée par Sully, apporte un jour à sa mère une quantité de feuilles d'automne fraîchement tombées : « Comme elles sont jolies ! — Oh ! maman, je savais que tu aimerais ces pauvres petites ; je ne pouvais supporter de les voir mourir par terre. » Peu de jours après, on la trouva pleurant amèrement devant la fenêtre qui donnait sur le jardin en voyant les feuilles tomber en abondance.

Cette tendance à tout animer porte l'enfant à réifier ou à personnifier même des abstractions. « Le carnaval est passé », dit Louise à son frère Paul. Mais celui-ci, qui était près de la fenêtre et n'a rien vu de semblable dans la rue, en appelle contre elle à mon témoignage. — Une autre fois, ces mots : « La chasse est fermée », évoquent dans l'esprit de Paul, je le vois à ses questions, l'idée de grandes portes qui clôtureraient les champs. — Henri, entendant parler depuis plusieurs jours de la prochaine venue du printemps, m'a demandé un matin : « Le printemps est-il arrivé ? » Il assimilait évidemment cette arrivée à celle des personnes qu'il a vues autour de lui aller en voyage, et se représentait peut-être quelque bon papa rentrant avec une valise, une couverture et des paquets pleins les bras pour toute la maisonnée. —

(1) *Longmans Magazine*, « The History of an Infancy », février 1890.

Dans une composition française d'un élève de quatrième B, Alfred C..., esprit d'ailleurs très réfléchi, je relève ces mots : « Quand j'allais à l'école primaire, le mot de Patrie éveillait en moi l'idée d'une femme bonne, qui ne devait mourir qu'à la fin de la terre et qui était notre mère à tous... »

Le troisième stade du développement de l'imagination enfantine est celui *du jeu*. Nous n'y insisterons pas pour le moment, puisque nous devons nous occuper spécialement de cette question dans tout le cours du présent ouvrage. Il importe seulement de noter qu'au point de vue qui nous intéresse ici, le jeu consiste essentiellement dans une métamorphose de la réalité, dans une transformation des lieux et des choses, propre à donner une forme concrète à une image, à mettre en scène quelque idée et où l'imagination plus ou moins originale a toute liberté de manifester son énergie créatrice, de se livrer aux plus singulières fantaisies.

Enfin, au quatrième et dernier stade, apparaît ce qu'on peut appeler *l'invention romanesque* (1), « qui exige une culture plus raffinée, étant une création purement intérieure et toute en images. Elle s'éveille vers l'âge de trois ou quatre ans. On sait le goût des enfants imaginatifs pour les histoires et légendes, qu'ils se font répéter à satiété : en cela ils ressemblent aux peuples demi-civilisés, qui écoutent avidement

(1) Nous étudierons plus longuement cette question dans un prochain ouvrage.

leurs rapsodes pendant des heures, éprouvant toutes les émotions appropriées aux incidents du récit. C'est le prélude à la création, un état semi-passif, semi-actif, une période d'apprentissage qui leur permettra de créer à leur tour (1) ».

Or cette période d'apprentissage comporte deux degrés.

D'abord l'enfant projette dans le monde réel et *rattache à des objets définis les images éveillées en son esprit* par les divers contes qu'il a entendu dire comme par les histoires qu'il a lues. Les lieux et les choses qui l'entourent et qui lui semblent appropriés deviennent pour lui le théâtre où se sont accomplies les scènes qui l'ont particulièremeut frappé et où se meuvent les personnages de ses livres préférés. « Chaque grange du voisinage, écrit Ch. Dickens, chaque pierre de l'église, chaque arpent du cimetière ravivait le souvenir d'un passage de mes livres favoris (*Roderick Random*, *Tom Jones*, *Gil Blas*, *le Vicaire de Wakefield*, *Don Quichotte*, *Robinson Crusoé*) et me rappelait les endroits qu'ils ont rendus célèbres. *J'ai vu* Tom Pipes grimper jusqu'au haut du clocher ; *j'ai observé* Strap, le sac au dos, s'arrêtant pour se reposer un instant, appuyé contre la petite porte du jardin, et *je sais* que le commodore Trunnion présidait le club avec M. Pickle dans la salle du petit cabaret de notre village (2). » — Une maisonnette de

(1) Ribot, *Essai sur l'imagination créatrice*, p. 96.
(2) Voy. *David Copperfield*, ch. IV. — Cf. *L'Arbre de Noël.*

pierre et de briques, au milieu d'un fourré de lilas et d'aubépines, devenait, pour George Sand, « le palais de la Belle au bois dormant » (1).

L'enfant avance encore d'un pas dans la voie de l'invention, quand il se représente en esprit, quand *il réalise visuellement les scènes et les actions* qui lui sont racontées ou que lui-même lit. Pour son intelligence incapable d'abstraction, les mots ont une puissance évocatrice, une efficacité suggestive, qui tient de l'enchantement : ils éveillent en elle des images vives et colorées, ils y suscitent des tableaux plus brillants que ne le feraient les objets mêmes. Et par là s'explique le ravissement intense où les enfants sont plongés par une lecture ou par un récit.

Une petite amie de Loti (elle avait six ans et lui sept), à propos d'un abricot qu'ils venaient d'ouvrir pour le partager, lui racontait dans un coin du jardin cette histoire : « Une fois, une petite fille... en ouvrant un fruit des colonies très gros... il en était sorti une bête, une bête verte... qui l'avait piquée... et puis ça l'avait fait mourir. » — « Dans cette histoire, dit Loti, ce passage à lui seul m'avait subitement jeté dans une rêverie : «... un fruit des colonies très gros. » Et une apparition m'était venue, d'arbres, de fruits étranges, de forêts peuplées d'oiseaux merveilleux. — Oh ! ce qu'il avait de troublant et de magique, dans mon enfance, ce simple mot : « les colonies », qui, en ce temps-là, désignait pour moi l'ensemble des

(1) Voy. *Histoire de ma vie*, 2ᵉ partie, ch. XVI.

Q̇UEYRAT. — *Les Jeux des Enfants.*   2

lointains pays chauds, avec leurs palmiers, leurs grandes fleurs, leurs nègres, leurs bêtes, leurs aventures (1). »

Pour se figurer une scène, un tableau, l'enfant n'a pas besoin, comme on voit, de saisir exactement le sens des mots : une certaine imprécision dans l'expression semble, au contraire, stimuler davantage son imagination (2), parce qu'il en résulte pour celle-ci une liberté plus grande, plus d'indépendance. « Si l'enfant, remarque Sully (3), pouvait savoir ce que nous appelons *lire*, il se moquerait bien de nous. Avec quelle habileté cette petite cervelle se débrouille dans ce langage souvent si étrange et si embarras-

(1) *Ouv. cité*, p. 61.

(2) A la condition toutefois que les mots ne soient pas des termes abstraits n'exprimant que des qualités, des rapports difficiles à imaginer ; quand on raconte un événement à l'enfant, il le voit ; s'il ne le voit pas, il ne comprend plus. Aussi préfère-t-il la narration orale à la lecture, parce que souvent le livre renferme des tours de phrase auxquels il n'est pas habitué et des expressions trop recherchées ou tout à fait nouvelles qui n'éveillent en lui aucune image. « Je ne comprenais pas encore, a écrit G. Sand, la lecture des contes de fées ; les mots imprimés, même dans le style le plus élémentaire, ne m'offraient pas grand sens, et c'est par le récit que j'arrivais à comprendre ce qu'on m'avait fait lire. » (*Ouv. cité*, 2ᵉ partie, XI.) J'ai fait naguère la même observation à propos de mon fils Paul, âgé de six ans. Comme je lui lisais quelques fables, très simples d'ailleurs, de La Fontaine, après chacune il me disait : « Maintenant raconte-la moi », ajoutant parfois : « Je comprends mieux quand tu me le dis. »

(3) *Ouv. cité*, p. 80.

sant pour lui (1)... Une mère lisait un jour une poésie à son petit garçon âgé de six ans : « Je crains que tu ne comprennes pas, mon chéri. — Oh ! oui, maman, je pourrais très bien comprendre si seulement tu voulais ne pas m'expliquer. » L'explication irrite l'enfant, car elle vient rompre le charme en voilant l'image qu'il aperçoit dans le miroir du mot pour ne lui montrer que le miroir lui-même (2). »

C'est pourquoi, de même qu'il déteste les commentaires propres à le gêner dans la construction qu'il imagine des choses, il ne tolère pas qu'on apporte une modification quelconque à ce qui a servi de base à cette construction. S'étant représenté la scène

(1) « A quatre ans, dit M. Egger (*Observations et Réflexions sur le développement de l'intelligence chez les enfants*, p. 58), Félix aime à se faire conter des histoires que, certainement, il ne comprend pas bien ; il les suit d'une oreille attentive et il demande qu'on les lui répète. Son esprit a quelque prise sur tel ou tel mot, sur telle ou telle phrase ; cela suffit pour que sa curiosité s'attache à l'ensemble avec une sorte de passion. »

(2) Nous avons là l'explication d'un fait, au premier abord surprenant, manifesté par l'introduction des images d'Epinal dans les pays anglo-saxons : « Les gamins y sont trop pratiques pour se plaire aux enfantillages dont les nôtres font leurs délices. Ils acceptent le texte français qu'ils ne comprennent pas, laissant à leurs petites cervelles le soin de forger une histoire moins naïve. Quand on vit l'Amérique demander l'image d'Epinal, les imprimeurs crurent que la traduction du texte en anglais serait une bonne affaire. Ce fut un four ! On en revint à la légende française. alors les *boys* daignèrent donner leur *penny*. » (Ardouin-Dumazet : *Le Plateau lorrain et les Vosges*.)

d'une certaine façon, il ne veut point qu'une circonstance ajoutée ou omise vienne dérangerle tableau qui jusqu'ici l'a séduit ; aussi est-il d'une exigence jalouse, quant à l'exactitude des détails ; il s'aperçoit du moindre changement au récit et s'empresse de rétablir la version primitive : « Une de nos amies, dit Sully, racontant *le Chat botté*, fit asseoir par inadvertance le héros sur une chaise, au lieu d'une caisse, pour ôter ses bottes. Elle fut interrompue par une grêle de *non ! non !* lancés d'une voix perçante. La même dame nous écrit qu'un jour qu'elle racontait l'histoire de *la Belle et la Bête*, elle oublia l'effet du soupir de la Bête, « les verres tremblèrent sur la table et les chandelles furent presque éteintes ». Son sévère petit auditeur l'interrompit aussitôt et rétablit l'intéressant détail. »

Après avoir entendu un grand nombre d'histoires et avoir exercé son imagination à s'en représenter les scènes sous un aspect plus ou moins fantaisiste, l'enfant *devient capable d'inventer lui-même quelques narrations originales.*

Ses premiers essais sont timides ; il se contente d'abord de broder sur ce qui tombe sous ses sens. « Un petit garçon de trois ans et demi voyant un vagabond, à la jambe torse, clopinant le long du chemin : « Regarde ce pauvre vieux, maman, il a une jambe malade. » Puis, se mettant naturellement tout de suite à enjoliver : « Il avait un grand, grand cheval, et il est tombé sur une grosse, grosse pierre, et il s'est fait mal à sa pauvre jambe, et il faudra qu'il achète un grand bâton. Il faut le guérir... » Une petite fille de cinq ans et neuf mois, ayant trouvé une pierre percée d'un trou, bâtit là-dessus tout un conte : la pierre était une pierre merveilleuse ; le trou représentait de beaux appartements où habitaient des fées... — Il brode aussi sur ce qu'on lui a raconté (1). Paul, à cinq ans et demi, après avoir entendu dire par sa sœur la fable de La Fontaine, *le Coq et le Renard*, imagina aussitôt l'histoire suivante : « Il y avait une fois un coq .. il était sur un mur... ce coq était en fer... il était gros comme un coq véritable... il avait le bec ouvert... Un renard passe, puis il lui parle... le coq répond pas... il l'appelle, le coq répond pas... le renard saute sur le mur... puis il mord le coq... le coq était en fer, il était dur... il en mange un morceau, ça lui perce les boyaux... puis après il a été mort... les chiens viennent, puis ils l'emportent et le mangent (2) ».

(1) « Reproduire un fait ou une histoire avec des changements, dit Guyau (*Éducation et Hérédité*, pp. 149-150), est une vive récréation pour l'esprit des enfants ; mais ils éprouvent beaucoup de peine à y réussir. C'est tout un travail qu'on peut quelquefois prendre sur le fait. Une petite amie de quatre ans me disait : « Écoutez, je vais vous conter une histoire ; mais ce ne sera pas celle *du Petit Poucet*. Il y avait une fois dans une forêt un petit garçon tout petit, qui était fils de bûcherons ; mais ce n'était pas le petit Poucet, etc. » Et l'histoire se continuait, accompagnée toujours de cette parenthèse : « Cela ressemble à l'histoire du petit Poucet, mais ce n'est pas la même chose. »

(2) Cette disposition des enfants à transfigurer ce qu'ils

Bientôt l'enfant cherche à se dégager de l'influence des modèles ; mais combien faible encore est l'invention. En voici un exemple curieux : « Trois petits ours, sortis pour se promener, trouvèrent un bâton et ils ont tisonné le feu avec, et puis alors, avec le bâton, ils ont tisonné le feu, puis ils sont sortis pour se promener. »

Enfin, la jeune imagination devient plus hardie, et elle produit d'étonnantes créations. Un garçon de cinq ans et trois mois qui demeurait au bord de la mer, improvisa le conte suivant : « Un jour, je suis allé sur la mer, dans une barque de sauvetage ; tout à coup, j'ai vu une énorme baleine et j'ai sauté hors de la barque pour la prendre, mais elle était si grosse que je suis monté dessus, et comme cela j'ai fait un voyage à califourchon sur son dos et tous les petits poissons riaient de tout leur cœur (1). »

Tels sont les divers stades que parcourt l'imagination enfantine, s'élevant de la pure reproduction à l'invention originale. Si les trois premiers se rencontrent constamment, la forme qu'elle revêt en

---

ont vu ou entendu explique l'exagération dont ils font preuve dans les récits et leur tendance à enchérir les uns sur les autres. N'attachant pas d'importance à la vérité, ils mentent pour le seul plaisir d'inventer. Nous savons d'ailleurs qu'ils distinguent mal la fiction de la réalité. Ainsi est justifiée la défiance dont il ne faut jamais se départir à l'égard de leurs témoignages. — Voy., à ce propos, *La Logique chez l'enfant*, pp. 83-85.

(1) Voy. Sully, *ouv. cité*, pp. 84 et 456-457.

dernier lieu est moins commune ; elle apparaît seulement chez ceux que la nature a bien doués. « Elle présage, dit M. Ribot, un développement de l'esprit supérieur à la moyenne ; elle peut même être la marque d'une vocation naissante et indiquer dans quel sens la vocation s'orientera (1). »

De tout ce qui précède, on peut conclure que c'est au premier âge que l'imagination se manifeste dans sa pleine spontanéité. Alors, en effet, l'expérience, à peu près nulle, ne la comprime pas ; ni la réflexion, ni la connaissance des lois de la nature, ni l'esprit critique ne sont là pour en restreindre l'essor. Aussi est-elle chez l'enfant la faculté maîtresse, la forme la plus remarquable de l'activité intellectuelle. Nous allons l'étudier dans une de ses manifestations essentielles : *le jeu*.

(1) *Ouv. cité*, p. 97.

CHAPITRE PREMIER

LA NATURE DU JEU

Théories diverses sur la nature du jeu. — 1. Le jeu considéré comme *récréation* : Lazarus, Guts Muths. — Exemples. — Insuffisance de cette conception. — 2. Explication du jeu *par excès d'énergie* : Schiller, H. Spencer. — Exposé de cette théorie. — Ses rapports avec la précédente. — Faits à l'appui. — Que, malgré son importance, elle ne vaut pas pour tous les jeux. — Addition de Spencer : le jeu serait *une imitation de l'activité sérieuse.* — Opinion conforme de Wundt. — Insuffisance de l'imitation. — 3. Le jeu, *développement des instincts et apprentissage de la vie* : théorie de Groos. — Diversité des opinions sur l'origine de l'instinct. — Le jeu, *pratique héritée.* — Exemples. — Qu'il n'y a pas un instinct du jeu, mais des instincts se manifestant sous la forme du jeu. — L'instinct d'imitation. — Conclusion : Les jeux de jeunesse reposent sur des instincts. — Preuves.

Suivant une opinion très populaire et très ancienne, le jeu serait essentiellement un délassement, une réparation, une restitution de forces ou, comme on dit, une récréation, c'est-à-dire une création nouvelle (1), une régénération des forces physiques et mentales. Cette récréation pourrait à la vérité s'obte-

(1) Etymologiquement : se *re-créer*, se créer à nouveau.

nir par la nourriture, le repos ou le sommeil ; mais elle se produit aussi, lorsque, et c'est le cas dans le jeu, on dépense des forces afin d'en gagner. « Pour ce qui est, dit Locke (*Educ.*, sect. IV), de l'humeur enjouée que la nature a sagement départie aux enfants, conformément à leur âge et à leur tempérament, bien loin de la gêner ou de la réprimer, il faudrait l'exciter en eux, afin de leur tenir par là l'esprit en mouvement et de leur rendre le corps plus sain et plus vigoureux. » Pendant que l'on consacre au jeu un certain genre d'activité, les forces dépensées dans une autre forme d'activité peuvent se reposer et se réparer : l'enfant se délasse d'un travail intellectuel par des exercices physiques. Ainsi l'activité de jeu serait la régénération d'une force menacée d'épuisement.

Plusieurs auteurs allemands ont adopté cette opinion, notamment Schaller, Lazarus, Guts Muths. Ce dernier invoque à l'appui une légende bien connue : Jean l'Evangéliste jouait un jour avec une perdrix qu'il caressait de la main. Survint un homme, chasseur à ce qu'il semblait, qui fut tout étonné de le voir s'amuser d'une façon, à son avis, si indigne d'un apôtre : « Es-tu réellement, demanda-t-il, l'apôtre dont tout le monde parle et dont la gloire m'a attiré ici ? Comment cette façon de s'amuser s'accorde-t-elle avec ta renommée ? — Cher ami, répondit doucement Jean, que vois-je là dans ta main ? — Un arc, répondit l'étranger. — Et pourquoi n'est-il pas tou-

jours tendu, prêt à lancer la flèche ? — Eh ! cela ne
se peut ; s'il était toujours tendu, il perdrait bientôt
sa force et ne serait plus bon à rien. — Ne t'étonne
donc pas de ce que je fais, » répondit Jean.

Cette explication du jeu par la récréation renferme
une part de vérité. Elle est d'ailleurs valable surtout
pour les adultes qui, le soir, après le labeur souvent
pénible de la journée, cherchent à se reposer à l'aide
d'un jeu quelconque. Mais si, fait incontestable, le
jeu peut servir à la récréation, ce n'est pas le besoin
même de récréation qui lui a donné naissance. Ose-
rait-on soutenir que de jeunes chiens qui jouent à se
poursuivre, le font parce qu'ils ont besoin de se
récréer ? L'examen seul de la vie enfantine, laquelle,
ainsi que le remarque avec raison Schaller, semble
être avant tout un jeu continuel, doit suffire à convaincre l'observateur que le jeu peut bien servir
parfois à la récréation, mais qu'il n'en dérive
point.

Une théorie, à laquelle, au siècle précédent, se
sont ralliés la plupart des psychologues, théorie développée principalement par Herbert Spencer, mais
dont l'idée fondamentale se trouve déjà dans Schiller,
explique le jeu par un excédent de force nerveuse,
d'énergie vitale, par la dépense d'une activité superflue : « Il est vrai, disait Schiller dans la vingt-sep-
tième de ses admirables *Lettres sur l'Éducation esthétique*, que la nature a donné, même à l'être sans
raison, plus que le nécessaire, et fait poindre dans la

vie animale obscure une lueur de liberté. Quand le lion n'est pas tourmenté par la faim et qu'aucun animal ne le provoque au combat, sa force inoccupée se crée à elle-même un objet : il remplit le désert sonore de rugissements de défi, et sa force débordante se consume sans but. L'insecte plein de vie joyeuse tournoie au soleil ; et ce n'est point un cri de désir que nous entendons dans le chant mélodieux de l'oiseau. Il est indéniable qu'il y a de l'indépendance dans tous ces mouvements, non une indépendance par rapport au besoin en général, mais par rapport à un besoin déterminé, extérieur. L'animal *travaille* quand un *besoin* le pousse à agir ; il *joue* quand la richesse de ses énergies l'y pousse, quand *le surcroît de vie s'excite lui-même à l'activité.* » — Jean-Paul s'est exprimé à peu près comme Schiller : « Le jeu, dit-il dans son *Levana*, § 49, provient, au commencement, du surplus des forces psychique et physique ; plus tard, quand le régime scolaire épuise l'énergie psychique, la force vitale se décharge uniquement par les mouvements des membres, dans le courir, le jeter et le porter. » — Et Beneke a de même écrit : « L'enfant emploie d'abord pour ses jeux *sa force superflue.* »

Spencer n'a fait que reprendre ces idées, mais en leur donnant un fondement solide et en les exposant sous une forme plus précise et plus systématique. « Les animaux inférieurs, dit-il, ont tous ceci de commun, que leurs forces sont utilisées pour les fonctions indispensables à la conservation de la vie. On les voit sans cesse occupés à chercher leur nourriture, à échapper à leurs ennemis, à se construire un abri et à tout préparer pour la venue de leurs petits. Mais si nous considérons les animaux supérieurs, qui ont des facultés plus nombreuses et plus développées, nous voyons de plus en plus que leur temps et leurs forces ne sont pas utilisés exclusivement pour la satisfaction des besoins immédiats. Grâce à leur supériorité, ils peuvent se procurer une nourriture meilleure et ils obtiennent par là un excès d'énergie. La satisfaction de leurs besoins une fois atteinte, rien ne les pousse plus à employer l'excès de leur énergie, nulle proie ne les tente, nul besoin ne les presse. Et comme une plus grande vigueur des facultés s'accompagne, d'ordinaire, d'une plus grande variété des facultés, le résultat obtenu est analogue dans les deux cas : là où se sont développées des énergies nombreuses, adaptées aux besoins les plus variés, il est impossible que toutes agissent en même temps ; suivant les circonstances, c'est tantôt l'une, tantôt l'autre qui travaille, alors que d'autres restent à l'occasion inoccupées pendant assez longtemps. De là vient que nous rencontrons souvent, chez des animaux supérieurs, une énergie vitale qui dépasse les besoins immédiats, et que tantôt une faculté, tantôt l'autre, jouit d'un repos prolongé qui peut, en vertu de la régénération consécutive à chaque période de dépense, la mettre dans un état de tension supérieure (1). » C'est ce trop-plein d'énergie, non utilisé pour la satisfaction des besoins immédiats, qui donne naissance au jeu sous toutes ses formes.

Conformément à ces remarques de Spencer, on doit distinguer dans l'homme deux sortes d'activité : l'une utile et sérieuse, tournée vers des fins pratiques ; l'autre désintéressée et de luxe, ayant sa fin en elle-même.

L'activité s'emploie en premier lieu à satisfaire une nécessité : l'homme ressent d'abord le besoin de vivre, et pour cela de se nourrir, de se vêtir, de s'abriter, de se défendre aussi contre ses agresseurs ; de là, les mouvements destinés à lui procurer l'alimentation, le vêtement, une demeure ; de là, les mouvements de défense, tous mouvements qui constituent un effort utile, mais pénible, et dont l'ensemble est appelé *travail*.

Mais quand une fois il a satisfait ses besoins les plus urgents, quand il s'est assuré par son travail la possession des choses les plus indispensables à la vie, l'homme (et cela est également vrai des animaux supérieurs) n'a pas épuisé d'ordinaire toute son activité ; il lui en reste un surplus disponible qui demande à être dépensé à son tour. Or, comme il n'y a plus de but utile auquel il puisse ou veuille employer ce surcroît de forces, il l'emploie donc sans but proprement dit, simplement pour l'employer ; il exerce en ce cas son activité, non plus afin de jouir des objets utiles

(1) *Principes de Psychologie*, t. II, pp. 662-663.

qu'elle pourrait lui procurer, ou encore d'éviter un danger quelconque, mais uniquement pour jouir de l'activité elle-même, c'est-à-dire du plaisir qu'il y a à agir pour agir (1). Les mouvements qu'il produit ainsi en dehors de tout intérêt immédiat, seulement afin de se distraire et de dépenser l'excès de force disponible, constituent justement *le jeu*.

Surabondance et désintéressement de l'activité, telle est donc l'idée capitale de la théorie spencérienne du jeu. Dans son excellent *Résumé de la philosophie de H. Spencer*, résumé écrit, du reste, avec approbation du grand philosophe anglais, Collins la traduit en ces termes (p. 333) : « En remontant vers les animaux d'un type supérieur, nous trouvons que leur temps et leurs forces ne sont pas complètement absorbés par les exigences de leurs besoins immédiats. Or, chacun des pouvoirs mentaux étant soumis à la loi que son organe, après avoir reposé plus longtemps que d'ordinaire, se réveille exceptionnellement disposé à l'action, il arrive qu'ils sont engagés très facilement dans une action simulée, quand les circonstances la provoquent au lieu de provoquer une activité réelle. De là les jeux de toutes sortes ; de là la tendance à l'exercice superflu et inutile d'activités qui ont été au repos. »

Cette théorie de Schiller et de Spencer, qui rap-

(1) De là vient le nom d'*activité esthétique*, donné à l'activité de jeu, c'est-à-dire d'activité qui se sent elle-même, qui jouit d'elle-même.

porte l'origine du jeu à un excédent d'énergie nerveuse, semble au premier abord en opposition radicale avec la précédente, qui voit au contraire dans le jeu la régénération d'une force menacée d'épuisement. Mais la contradiction n'est qu'apparente. Toutes deux ne sont que des aspects différents d'une seule et même idée, et l'on peut dire qu'elles se complètent. En effet, pour reprendre un exemple précédent, s'il est vrai que l'enfant, par des exercices physiques, tels que les barres ou la balle au camp, détend ses forces psychiques surmenées, il n'est pas moins vrai qu'il dépense du même coup les énergies motrices accumulées en lui durant les heures passées en classe ou à l'étude. Ici, le jeu apparaît tout à la fois comme une dépense de forces superflues et une récupération d'énergies perdues. Et il en est ainsi dans tous les cas où le jeu peut être considéré comme délassement. La théorie du jeu récréation n'est donc **au** fond qu'une autre face de celle de Spencer.

Mais cette dernière nous donne-t-elle à son tour une explication satisfaisante du jeu ? Assurément, elle renferme une grande part de vérité. Il n'est pas douteux que le surplus d'énergie physique se manifeste psychologiquement sous forme d'un état d'âme exubérant, effréné. Et il semble que c'est précisément dans cette exubérance due à l'excès de force vitale que se rencontre l'origine des jeux. « Regardons, dit Karl Müller, un petit garçon bien portant qui, tenant dans sa main une tartine de beurre, se précipite au dehors ; il laisse, comme l'observation nous le montre, éclater une joie puérile à propos de l'objet réjouissant qu'il tient en sa main, et cette joie s'exprimera souvent en mouvement et en bruit, même en chants, et cela d'autant plus que ses sentiments et son tempérament seront plus vifs. Même à un âge avancé, on en vient, en cas d'excitation joyeuse, sinon à chanter, du moins à siffler (1). » — W. Hudson dit pareillement (2) : « Nous savons quel est ce sentiment, cet élargissement intense que l'homme civilisé lui-même ressent quelquefois, quand il se porte parfaitement bien, surtout dans sa jeunesse : il y a des moments où il est fou de joie, où il ne peut pas se tenir tranquille, où il se sent poussé à chanter, à crier, à rire à propos de riens, à sauter, à courir et à manifester d'une façon extraordinaire quelconque. »

Il faut donc reconnaître que le surcroît d'énergie physique et psychique fournit l'un des signes les plus caractéristiques de l'état d'âme qui est la condition du jeu. Mais la question est de savoir si cela suffit pour expliquer complètement les divers jeux, aussi bien les jeux de l'animal que ceux de l'homme. Or, il ne semble pas qu'il en soit ainsi. D'abord, on comprend bien que l'être en qui se trouve un excès d'énergie soit prêt à agir d'une façon quelconque, mais il reste à expliquer pourquoi, chez les animaux

(1) *Westermann's illustrierte Monatshefte* (Cahiers mensuels illustrés de Westermann), 1880, p. 239-240.
(2) *The Naturalist in La Plata*, pp. 280.

par exemple, tous les individus d'une espèce donnée se livrent à des jeux déterminés, qui sont toujours les mêmes pour la même espèce, et qui varient d'une espèce à l'autre. Puis, nombre de faits contredisent la théorie, en prouvant qu'il n'est pas besoin d'un superflu de forces pour qu'il y ait possibilité de jeu. Des enfants qui se sont fatigués lors d'une promenade, au point de n'avancer plus qu'avec déplaisir, savent parfaitement se servir de leurs jambes déjà lasses, dès qu'il s'agit de jouer. Bien plus, on pourrait dire que les enfants jouent toute la journée, sans en excepter souvent les heures du repas, jusqu'à ce qu'ils s'endorment le soir, *fatigués par le jeu*. Les enfants maladifs même jouent aussi longtemps que leurs forces sont *suffisantes*, et non pas seulement aussi longtemps qu'ils en possèdent en excès. L'accumulation d'un surcroît d'énergie vitale ne semble donc pas être la source unique du jeu, mais tout au plus l'une de ses conditions essentielles, un très vif stimulant, le facteur le plus favorable à sa production.

Réduite à elle seule, elle ne rendrait compte que du jeu envisagé sous sa forme la plus élémentaire, comme simple *phénomène de détente*, ou d'explosion de forces comprimées, explosion d'ailleurs aussi brève que soudaine et désordonnée. Mais le jeu véritable est plus qu'une expression aveugle de la gaieté ; il consiste au fond dans des mouvements concertés, il se compose d'actes coordonnés en vue d'une fin : jouer, c'est jouer à quelque chose. Puis il affecte des formes spéciales et distinctes dont il importe de faire connaître la raison. Aussi Spencer ne borne-t-il pas là l'explication qu'il donne du jeu. Et si nous n'avons jusqu'ici considéré dans sa théorie que la notion de force superflue, qui lui est commune avec Schiller, il nous faut en examiner maintenant une partie complémentaire, laquelle lui est propre. Suivant ce philosophe, lorsque le surcroît d'énergie emmagasiné vient à se dépenser sous la forme du jeu, cette activité de jeu est *l'imitation* de l'activité sérieuse, utile : « Il se produit, dit-il, une imitation de cette activité, quand les circonstances sont telles que l'activité réelle est impossible. » — « C'est, dit Wallaschek, d'accord avec Spencer, le surplus d'énergie dans les organismes plus développés, surplus excédant la quantité nécessaire aux besoins immédiats, qui donne naissance à toute espèce de jeux ; il se manifeste par l'imitation ou la répétition de tous les efforts ou activités nécessaires au maintien de la vie (1). » — « Nous considérons, dit Wundt dans ses *Conférences sur l'âme humaine et sur l'âme animale*, certaines actions d'animaux supérieurs comme étant des jeux, quand elles nous semblent être des imitations d'actes volontaires pratiques. Nous les reconnaissons comme imitation à ce que leur but n'est qu'un but apparent. Le but véritable est la recherche de sentiments agréables semblables à ceux qui sont liés, quoique secondairement,

(1) *On the origin of music*, dans *Mind*, t. XVI, p. 376.

aux actes véritables ; c'est dire que le jeu des animaux est, au fond, absolument identique à celui des hommes. Ce dernier veut être également une imitation d'actes de la vie pratique, imitation qui a une valeur émotive, mais qui est étrangère à son but originel. » Dans son *Éthique*, le même psychologue ajoute : « Le jeu est l'enfant du travail. Il n'y a pas de forme du jeu qui ne trouve son modèle dans une occupation sérieuse quelconque, modèle qui est également antérieur. » En d'autres termes, celui qui joue ne fait que répéter les actes utiles qu'il a déjà accomplis lui-même ou qu'il a vu accomplir par d'autres ; l'enfant simule les actions de l'homme (1).

Nous constaterons plus loin que l'imitation tient en effet une grande place dans le jeu ; mais cela ne saurait permettre de le regarder comme la simple imitation d'une activité sérieuse à laquelle on a l'envie, non l'occasion, de se livrer ; car une telle explication ne vaut pas pour la forme primitive et pure du jeu, savoir le jeu des jeunes animaux et des petits enfants. « Ces jeux que nous devons expliquer en première ligne, si nous tenons à obtenir une explication satisfaisante du jeu, remarque avec raison

---

(1) C'est aussi l'opinion de Vierordt (*Physiologie des Kindesalters* — physiologie de l'enfance), d'après qui les jeux de l'enfance sont des imitations des actes des adultes. Ce physiologiste en donne comme preuve certains faits rapportés par Livingstone, qui affirme que les jeux des enfants, chez les nègres d'Afrique, consistent généralement en tirs et invasions, choses dont s'occupent leurs pères.

Groos, ne sont pas, qu'on nous passe les termes, des *post-imitations*, mais des *pré-imitations* d'occupations sérieuses de l'individu. Les « expérimentations » des petits enfants et des jeunes animaux, leurs jeux de mouvement, de chasse et de lutte, qui constituent les formes fondamentales les plus importante s, ne sont pas des *post-exercices*, mais des *pré-exercices*. Les jeunes êtres s'y livrent avant de se livrer aux activités sérieuses de la vie ; c'est donc que ces pré-exercices ont pour but de préparer le jeune être aux occupations ultérieures de la vie (1). » Le jeune oiseau, par exemple, qui, encore au nid, remue les ailes ; les chats qui apprennent sitôt l'usage de leurs griffes ; le petit chien qui, par ses jeux, se prépare à la lutte avec d'autres chiens, ou à poursuivre, attraper, secouer, déchirer sa proie ; le nourrisson qui apprend à se servir de ses organes en remuant continuellement les doigts des mains et des pieds, qui gigote, se dresse, babille ; le petit garçon qui se bat avec d'autres et qui « ne peut pas plus s'empêcher de courir après un autre garçon qui a passé près de lui en courant qu'un petit chat ne peut s'empêcher de courir après une balle qui roule (2) » ; tous, loin *d'imiter* des actes sérieux qu'eux ou d'autres en leur présence auraient accomplis antérieurement, ne

(1) *Les Jeux des animaux*, p. 6. — Voy. au reste les chap. I et II de ce savant ouvrage, ainsi que, du même auteur, *Die Spiele der Menschen* — les Jeux des hommes —, 2ᵉ partie, chap. I et II.

(2) **W. James**, *The Principles of psychology*, t. II, p. 427.

font, au contraire, que *se préparer* à des occupations sérieuses, poussés qu'ils sont par une impulsion irrésistible.

Nous sommes amenés par ces considérations à une troisième théorie, celle de Groos, qui, enveloppant dans une explication plus générale les théories du jeu, moyen de délassement ou restitution de force, et du jeu, dépense d'une activité superflue, soutient que le jeu serait pour les enfants et les jeunes animaux un prélude, une initiation, une préparation à leur vie ultérieure. L'idée fondamentale de cette nouvelle théorie est celle-ci : L'homme et les animaux supérieurs sont doués de nombreux instincts, qui, à la naissance, ne sont pas encore développés ; ils doivent faire l'éducation de ces aptitudes et ils y arrivent par le jeu, qui est l'exercice des dispositions naturelles de leur activité respective. A l'explication physiologique du jeu se substitue ainsi une explication biologique.

Voici comment Groos l'expose : « L'activité de tous les êtres animés est déterminée à un haut degré par des instincts hérités. La façon, par exemple, dont un animal d'une espèce donnée remue ses membres, emploie sa voix, se meut dans son élément, se procure sa proie, lutte contre d'autres animaux ou se soustrait aux poursuites, est réglée dans tous ses traits fondamentaux par des instincts hérités. Si, d'une part, il ne se présente pas d'occasion pour la manifestation réelle (c'est-à-dire en vue d'un but sérieux) de pareils instincts, si, d'autre part, la réintégration d'énergie nerveuse dépasse suffisamment la dépense de la même énergie, en sorte que l'organisme ait besoin de décharger des forces emmagasinées — et c'est le cas surtout chez les individus jeunes — il arrivera que ces instincts se manifesteront sans cause extérieure. Le jeune chat traitera un morceau de papier comme si c'était une proie : l'ourson se battra avec ses frères ; le chien, qu'on avait enfermé longtemps, gambadera dans la rue, etc. Mais ce sont précisément ces manifestations d'activité que nous nommerons : jeux (1). » En sorte que « la raison des jeux de jeunesse est que certains instincts, particulièrement importants pour la conservation de l'espèce, se manifestent déjà à une époque où

(1) *Ouv. cité*, pp. 11-12. — M. Paul Souriau avait déjà émis des idées analogues dans son bel ouvrage sur *L'Esthétique du mouvement* (pp. 13-14) : « Chacun, dit-il, selon son espèce, a besoin de se mouvoir chaque jour plus ou moins (pour se procurer sa nourriture) ; et il est organisé pour cela. Si, par suite de circonstances accidentelles, cette activité lui devient inutile, elle n'en sera pas moins pour lui obligatoire, car sa constitution physique, adaptée par hérédité à la vie normale de l'espèce, ne peut se plier brusquement à d'autres conditions d'existence. Son organisme continue de lui fournir la même quantité d'énergie, et il faut qu'il la dépense d'une manière quelconque. De là les mouvements de l'animal captif, du lion qui arpente sa cage, du serin qui sautille de barreaux en barreaux. De là les exercices physiques auxquels se complaisent les personnes que leur métier condamne à une vie trop sédentaire. *Ce besoin de mouvement sera surtout grand dans la jeunesse, parce que le jeune animal a besoin de s'essayer à tous les mouvements qu'il aura à exé-*

l'animal n'en a pas encore sérieusement besoin. En tant qu'opposés à l'exercice sérieux postérieur, ces jeux sont un pré-exercice et un entraînement des instincts en question. »

Mais les psychologues, non plus que les naturalistes, ne sont pas d'accord sur l'origine de l'instinct. Pour quelques-uns, les instincts proviendraient de la sélection naturelle, ou survivance du plus apte, sans collaboration aucune de l'intelligence individuelle ; c'est à cette opinion, défendue principalement par Auguste Weismann, Ziegler et Forel (1), que se range de préférence Groos : « Sans les jeux, dit-il, l'animal adulte serait mal préparé pour la plupart des actes de sa vie. Il ne serait pas assez exercé à courir et à sauter, à se précipiter sur sa proie, à prendre et à tuer sa victime, à fuir devant son ennemi, à combattre ses adversaires, etc. ; son système musculaire ne serait pas suffisamment assoupli ; ses os eux-mêmes n'arriveraient peut-être pas au développement nécessaire, qui ne s'obtient que par l'adaptation fonctionnelle de l'individu en bas âge. Il est donc facile d'en arriver à cette idée que c'est la main

cuter plus tard, et aussi de faire jouer ses muscles et ses articulations pour se former. On le voit, tout animal a une tendance à débiter chaque jour une certaine quantité de force, déterminée non par les besoins accidentels de l'individu, _mais par les besoins généraux de l'espèce._ »

(1) Notons que Darwin admet cette origine des instincts concurremment avec la suivante, cependant moins importante d'après lui.

de fer de la sélection naturelle qui fait que, dès la jeunesse, se manifeste en l'animal une impulsion indomptable à s'exercer, sans cause sérieuse, à des actes qu'il devra accomplir plus tard. » A défaut du pré-exercice dans le jeu, il serait, en effet, indispensable que les instincts fussent complètement développés lors de la naissance. Mais « supposons que ce soit possible : où en resterait alors le développement supérieur de l'intelligence, enfant gâtée de la nature, conduite aveuglément par une suite d'instincts hérités ? Les animaux resteraient certainement en arrière au point de vue intellectuel. Il en est autrement, par bonheur. Au moment même où l'évolution ascendante du monde organique est assez avancée pour que l'intelligence réfléchie puisse agir mieux que le simple instinct, les activités héritées perdent une partie de leur perfection et sont remplacées de plus en plus par l'expérience individuelle qui perfectionne les prédispositions du cerveau ; mais, *pour que cela soit possible, il y a les jeux de jeunesse des animaux*, qui seuls peuvent produire complètement et à temps pareil perfectionnement. » La sélection peut ainsi affaiblir la puissance aveugle des instincts, et favoriser, en revanche, de plus en plus le développement indépendant de l'intelligence. Une fois que l'intelligence est assez développée pour être plus utile dans la lutte pour la vie que des instincts parfaits, la sélection naturelle favorise les individus chez lesquels ces instincts se manifestent dès la jeunesse sous une forme moins parfaite et sans cause extérieure sérieuse, uniquement en vue du pré-exercice et de l'entraînement, c'est-à-dire qu'elle favorise les animaux qui jouent. Peut-être même pourrait-on dire, pour apprécier comme il convient l'importance biologique des jeux, que *la raison d'être de la jeunesse est en partie le jeu*, d'autant que celle-ci n'existe que chez les espèces relativement élevées; les animaux ne jouent pas parce qu'ils sont jeunes, mais ils ont une jeunesse parce qu'ils doivent jouer (1).

Suivant d'autres naturalistes et psychologues, les actes instinctifs auraient d'abord été intelligents et volontaires ; mais, pratiqués par de nombreuses générations, ils se seraient automatisés, en se transmettant héréditairement; il faudrait donc voir en eux essentiellement des *habitudes héréditaires*. Cette opinion, la plus répandue d'ailleurs, a été soutenue

---

(1) Voy. *Les Jeux des animaux*, pp. iv-v, 20-21, 67-69. — « Le jeu, écrit encore Groos (p. 20), n'est pas seulement un résultat des besoins accidentels de l'individu, mais aussi de la *sélection naturelle*, qui fait progresser tout ce qui est utile à la conservation de l'espèce... La plupart des jeux des jeunes animaux servent à la conservation de l'espèce. Les jeux que les enfants inventent tout seuls doivent être également considérés comme des exercices utiles, non seulement à l'individu, mais aussi à l'espèce : « *Pro Patria est dum ludere videmur* » (c'est pour la Patrie que nous travaillons alors que nous semblons jouer) est l'épigraphe donnée par Guts Muths à son livre » : *Jeux pour l'exercice et la récréation du corps et de l'esprit*.

notamment par Lamarck, Wundt, Preyer, Hæckel, Lewes, Romanes, Herbert Spencer, Ribot, Sully, Schneider (1).

Or, en adoptant cette seconde manière de voir, c'est-à-dire en ramenant les actes instinctifs à l'exercice et à l'habitude des ancêtres, en regardant les instincts comme une transmission héréditaire des caractères acquis, les jeux s'expliqueraient de la façon suivante : « Les ancêtres des animaux ont remué leurs membres dans des buts très différents ; c'est pour cela que les descendants ont déjà, dans leur première jeunesse, l'instinct de gigoter avec les jambes et d'étendre les pattes pour saisir toutes sortes d'objets. Les ancêtres ont dû beaucoup lutter entre eux, d'où les jeux de combat des jeunes descendants. Les ancêtres ont poursuivi des animaux ; de là les jeux de chasse et de poursuite des jeunes animaux et des enfants. Les ancêtres devaient très souvent se cacher pour éviter leurs ennemis : d'où les jeux de cache-cache, etc. Schneider dit, par exemple : « Le petit garçon ne mange plus les papillons, coléoptères, mouches et autres insectes qu'il prend avec passion et qu'il déchire souvent ; il ne gobe pas non plus les œufs et ne mange pas les petits oiseaux qu'il déniche parfois au péril de sa vie ; mais, à examiner ces objets, il sent se manifester en lui un fort instinct

(1) Sur l'instinct considéré comme « conscience éteinte et habitude héréditaire », comme « mémoire héritée », voy.Ribot, *L'Hérédité psychologique*, préface et chap. I.

de pillage, de chasse et de meurtre ; et cela, évidemment, parce que ses ancêtres sauvages se sont souvent nourris du produit de pareilles chasses et parce qu'il y avait chez eux une relation intime de cause à effet entre l'aspect de certains animaux et l'instinct de pillage, de chasse, de meurtre et de destruction, relation qui s'est déjà établie chez nos ancêtres animaux, comme nous pouvons en juger en observant les singes de notre époque qui, en dehors des fruits, se nourrissent surtout de petits animaux, d'insectes, de jeunes oiseaux et d'œufs... De même les petites filles, comme les garçons, font preuve, dans leurs jeux, d'une transmission héréditaire indubitable du genre d'occupation et des habitudes propres à leur sexe. Le jeu serait alors un effet prolongé *d'actes intelligents* de générations antérieures, une sorte de pratique héritée (1). »

A quelque opinion d'ailleurs que l'on s'arrête sur la nature de l'instinct, le mot « instinct du jeu », si habituellement employé, n'est guère exact. « Il n'existe pas d'instinct du jeu en général ; bien au contraire, des instincts spéciaux se révèlent même là où ne se présente aucune raison pour leur mise en activité sérieuse ; ils se manifestent en vue de l'exercice, plus spécialement du préexercice ; et ces instincts particuliers se transforment en jeux particuliers (2). »

(1) Groos, *ouv. cité*, pp. 45-46.
(2) *Ibid.*, p. 69-70. C'était aussi l'opinion de Lazarus.

Quant à l'*imitation*, dont nous avons dit que, si elle n'est pas le caractère essentiel du jeu, elle ne laisse pas de jouer un rôle important dans beaucoup de jeux, elle est également, de l'avis de Spencer, de James, de Wundt, de Stricker, de Schneider, de Baldwin, de Tarde, un instinct hérité. Schneider en donne comme preuve le fait qu'elle se limite le plus souvent à des cas bien déterminés, utiles à l'individu. « Si, dit-il, un lionceau voit un poisson qui nage ou un oiseau qui vole, il est peu probable qu'il s'éveille en lui une impulsion à nager ou à voler ; tandis que les mouvements du vieux lion éveillent en lui l'instinct d'imitation, justement parce qu'il est prédisposé par l'hérédité à ce genre de mouvements. C'est là une preuve que la perception d'un mouvement ne suffit pas *à elle seule* pour produire le mouvement, parce que, dans ce cas, les animaux essaieraient d'imiter tout mouvement vu par eux ; or ce n'est pas le cas. Autrement pourquoi un enfant qui voit une boule brillante oscillant comme un pendule, n'imiterait-il pas tout d'abord ces mouvements oscillatoires au lieu d'étendre la main vers elle (1) ? » Les enfants et les jeunes animaux ont donc un penchant irrésistible à reproduire, non tous les actes qu'ils voient accomplir, mais ceux-là pour lesquels ils ont eux-mêmes une prédisposition instinctive affaiblie ; ils apprennent ainsi à développer et à perfectionner ce qui est en eux sous la forme incomplète d'aptitudes héritées ; ils se pré-

(1) *Der menschliche Wille* (La Volonté humaine), p. 311.

parent à la tâche sérieuse qu'ils auront plus tard à remplir.

Nous conclurons par conséquent avec Groos (1) : « Les jeux de jeunesse reposent sur des instincts. Ces instincts ne sont pas gravés dans le cerveau d'une façon aussi parfaite et aussi détaillée qu'ils devraient l'être s'ils se manifestaient seulement dans les cas sérieux ; en revanche, ils se manifestent déjà dans la jeunesse et peuvent donc être perfectionnés à temps par l'exercice. En même temps, ce pré-exercice développe aussi le système musculaire et le prépare pour le travail sérieux de la vie adulte ; de cette façon s'expliquent tous les jeux d'enfance qui ne sont pas des jeux d'imitation » ; tels le jeu des tout jeunes individus avec leurs organes de parole et de mouvement, les jeux de locomotion, de chasse, de fuite, de lutte. « En dehors de ces jeux, qui reposent sur des instincts relativement fort développés et auxquels l'animal peut s'adonner sans modèle, il y a encore d'autres jeux dont chacun est dû à la combinaison d'au moins deux instincts : un instinct atrophié et l'instinct d'imitation qui vient s'y ajouter. C'est ici que viennent se ranger... surtout les jeux d'imitation des petites filles, dans lesquels se manifestent des instincts maternels qui auraient peine à se développer sans l'instinct d'imitation. S'il n'y avait pas, dans les jeux d'imitation des enfants, des impulsions héritées, on ne pourrait pas s'expliquer pourquoi la dif-

(1) *Ouv. cité*, pp. 75-76.

férence des sexes se manifeste si clairement dans le choix des actes à imiter, pourquoi le petit garçon préfère ses soldats à la plus belle poupée et pourquoi, d'autre part, la petite fille veut jouer à la petite maman et à la maîtresse de maison. »

Telle paraît être la nature fondamentale du jeu. Mais, s'il n'est à l'origine qu'une simple satisfaction d'instincts, il va ensuite évoluant et s'idéalisant de plus en plus, pour aboutir finalement chez l'homme à cette manifestation supérieure de l'activité ludiforme qui est l'art.

CHAPITRE II

LA PSYCHOLOGIE DES JEUX DES ENFANTS

Les accompagnements psychiques de l'activité de jeu : le
plaisir et l'illusion. — 1. *Le plaisir du jeu* : il résulte : 1° de
la *satisfaction même de l'instinct*; — 2° de la joie d'*être
cause*; exemples; — et de la joie du *succès*; exemples; —
le jeu est-il vraiment *désintéressé*? — 3° du *sentiment de la
liberté*; — 4° de l'illusion. — 2. *L'illusion.* — Elle est de
l'essence même de l'imagination. — L'illusion *consciente*
ou volontaire et l'illusion *involontaire*; — exemples. — Le
plaisir qu'elle procure est en raison de sa vivacité; —
exemples. — Par suite, tout ce qui peut désillusionner
l'enfant lui est déplaisant; — exemples. — *Mécanisme*
de l'illusion. — La croyance et la rectification. — Deux
moyens de *rectification* chez l'enfant: 1° les *circonstances*
du jeu; — 2° la conscience de sa propre *activité*.

Nous n'avons envisagé jusqu'ici dans le jeu que
l'*activité* déployée. Mais cette activité s'accompagne,
chez l'individu qui joue, d'états psychiques qui en
stimulent l'exercice et lui donnent un caractère riant
et léger. Ces éléments nouveaux du jeu sont l'un
émotionnel, ou le plaisir, l'autre *intellectuel*, ou l'illusion.

Le plaisir est un accompagnement si naturel et si
constant du jeu qu'on a pu en faire la raison d'être

même du jeu : c'est ainsi qu'on a regardé celui-ci comme un amusement, comme un *divertissement* des occupations sérieuses réputées fatigantes, pénibles. Si l'on a pris de la sorte l'effet pour la cause, c'est que rien ne frappe tout d'abord dans le jeu autant que le plaisir ressenti par celui qui s'y livre.

Essayons de démêler les causes de ce plaisir.

Considéré en lui-même, dans sa nature propre, le jeu, nous l'avons vu, est la réalisation d'une impulsion instinctive : il consiste dans un entraînement, dans un préexercice. Comme tel, il est essentiellement une activité apparente, une pseudo-activité, puisqu'il est une activité au déploiement de laquelle fait défaut la cause réelle qui le détermine, savoir la mise à exécution, la pratique de l'instinct même. Mais le seul exercice de cette activité, en tant que satisfaction d'un instinct, est *agréable* en soi, *comme l'est la satisfaction de toute inclination.* C'est une loi reconnue dès l'antiquité que le plaisir est la conséquence du fonctionnement normal de nos différents organes et de nos diverses facultés. Le plaisir, disait Aristote, est la perfection de l'acte, il en est l'épanouissement, il s'y ajoute comme à la jeunesse sa fleur. Cette relation entre l'activité et le plaisir, constatée depuis par tous les psychologues et de nos jours éclairée d'une vive lumière par la théorie de l'évolution, qui montre que les êtres n'ont pu survivre qu'autant qu'en eux les états agréables s'associaient aux actes utiles, c'est-à-dire à tout ce qui déve-

loppe leur vie et augmente leur énergie (1), est trop
connue pour qu'il soit besoin d'y insister (2). Or, ce
plaisir qui accompagne notamment la satisfaction des
instincts (on parle du plaisir de se battre et même du
plaisir de tuer) n'est pas seulement pleinement con-
servé dans le jeu ; il y est considérablement accru. « Personne ne croira, dit Groos (3), que le batailleur le plus
incorrigible ou l'animal le plus belliqueux éprouve à
peu près autant de plaisir dans la mise en activité
sérieuse de l'instinct que les garçons qui se battent
en jouant ou les jeunes chiens qui se roulent par terre
en luttant des heures entières. Et qu'on pense, de
plus, à la fuite devant le persécuteur, à la nécessité
de se cacher et à d'autres actes analogues : il sera
difficile d'y prouver l'existence d'un sentiment de plaisir dans les cas sérieux ; tandis que l'enfant et l'animal
ne jouissent pas seulement d'une diminution de la
douleur, ce qui va sans dire, mais voient celle-ci rem-
placée par les sentiments de plaisir les plus intenses. »

Jusqu'ici l'agrément du jeu n'est qu'un effet de la
loi, en vertu de laquelle le plaisir suit l'exercice normal de l'activité. Mais il provient, en outre, de causes
plus particulières et plus profondes. Nous définissions
tout à l'heure le jeu une activité apparente, une pseudo-

----

(1) Voy. Ch. Richet, *L'Homme et l'Intelligence*, ch. II ; — Max
Nordau, *Paradoxes psychologiques*, III.

(2) Voy. F. Bouillier, *Du Plaisir et de la douleur*, ch. III,
V et VI.

(3) *Ouv. cité*, p. 71.

activité. Or, à l'origine, ce n'est vrai qu'objectivement ; car, pour l'être qui joue, le jeu est tout d'abord une activité réelle, sérieuse. Seulement, lorsque le jeu s'est répété souvent et que l'animal ou l'enfant a pris de plus en plus conscience de la valeur émotionnelle du jeu, du charme qu'il y trouve, il se rend compte en même temps qu'il joue un rôle ; alors le jeu devient, subjectivement aussi, une activité apparente ; l'animal la déploie maintenant ou joue pour se procurer le plaisir qu'il a déjà ressenti ; en sorte qu'après avoir joué primitivement par instinct, l'animal et l'enfant le font ensuite pour le plaisir seul, pour l'amour du jeu.

Désormais le charme qui résultait de l'action même et qui était tout physique s'augmente chez eux d'un plaisir moral, savoir, de la *joie d'être cause*, de la *joie de la puissance*, suivant les expressions de Preyer, ou, comme dit Lessing, de la *conscience d'un degré plus élevé de leur réalité* ; en d'autres termes, du plaisir que leur procure le pouvoir qu'ils se sentent posséder sur leur propre corps et sur les objets extérieurs. « L'ours qui patauge dans l'eau, le chien qui déchire un morceau de papier, le singe qui s'amuse à faire du bruit, le moineau qui exerce sa voix, le perroquet qui casse la vaisselle, tous sont remplis par le plaisir de l'activité énergique, qui est en même temps la joie d'être cause (1). » — « Analysons un jeu, écrit le docteur Sikorski. L'enfant froisse du pa-

(1) Groos, *ouv. cité*, p. 301.

pier, puis il s'arrête brusquement pour écouter
si le bruit produit va continuer après qu'il a cessé
de le produire : évidemment l'attention de l'enfant ne s'attache pas au bruit lui-même, mais à
la cause qui le produit, au fait qu'il dépend de ses
propres mouvements. Lorsque l'enfant commence à
comprendre cette relation de cause à effet, il montre
un grand contentement, résultant du sentiment de sa
propre force, comme cause de phénomènes, comme
principe moteur vivant, indépendant de tout ce qui
l'entoure (1). » — Tiedemann dit de son fils âgé de
quinze mois : « Quand il avait fait quelque chose
lui-même, donné un certain mouvement à ses jouets,
il se réjouissait visiblement et trouvait du plaisir à
réitérer. » — Preyer, qui a observé soigneusement
les *expérimentations* sous forme de jeux auxquelles
son fils s'est successivement livré du treizième
au trente-troisième mois (par exemple : ouvrir et
fermer une boîte, vider, puis remplir un tiroir, accu-
muler du sable et le disperser, aligner des coquilles
ou des pierres, vider et remplir des bouteilles, des
arrosoirs, jeter des pierres dans l'eau, etc.) (2),
attribue aussi la satisfaction que l'enfant retirait de
telles occupations à ce même « sentiment orgueil-
leux de jouer le rôle de cause ». — L'homme adulte
le ressent encore à un haut degré : « N'y a-t-il pas

(1) *L'Évolution psychique de l'enfant* (*Revue philosophique*,
t. XIX, pp. 416-417).
(2) *L'Ame de l'enfant*, p. 442.

des milliers de personnes qui éprouvent le besoin de dessiner avec tout crayon qui leur tombe entre les mains, de casser une branche ou de la mordiller en se promenant, de faire tomber la neige d'un mur avec leur canne, de pousser les cailloux avec le pied, de casser tous les noyaux de cerises, de tambouriner sur les vitres, de faire sonner les verres, de faire des boulettes de mie de pain, etc. (1). »

M. Bernard Pérez rapporte un fait qui vient à l'appui des observations précédentes, en montrant que l'enfant ne s'intéresse réellement qu'à une œuvre qui émane de lui : « Un jour, dit-il (2), croyant beaucoup intéresser un de mes neveux, âgé de trois ans et quatre mois, et fort intelligent pour son âge, je lui dis, dans le jardin, que nous allions *faire* l'Adour, avec le pont et les peupliers de la rive. Du bout de ma canne, j'écartai les cailloux, et je traçai sur le sol une longue ligne creuse, large de quelques centimètres. Je détachai quelques branches d'arbuste, et je les enfonçai des deux côtés de cette petite tranchée ; quelques cailloux entassés servirent de piles au pont improvisé avec le couvercle d'une boîte. Toutes ces constructions terminées, je demandai à mon neveu si c'était joli. Il me répondit : « Non, ce n'est pas bien joli. » Je ne me tins pas pour battu. J'emplis d'eau deux grands seaux, et le contenu, déversé lentement en amont, produisit en aval un

(1) Groos, *ouvr. cité*, pp. 84-85.
(2) *Les Trois premières Années de l'enfant*, p. 318.

écoulement assez régulier, que je qualifiai de *fleuve Adour*. L'admiration de mon neveu se faisait toujours attendre. Je fis alors deux bateaux en papier, que je lançai sur un nouveau filet d'eau, et qui naviguèrent avec plus de rapidité que de rectitude entre les deux rives. Mon neveu, qui aimait fort les bateaux, se hâta d'en saisir un et le mit lui-même sur le lit bientôt desséché du fleuve. J'épanchai un nouveau torrent, qui, trop impétueux et trop abondant, submergea la frêle embarcation. Mon neveu s'écria : « Mais il n'y a pas de bateaux sur l'Adour ! C'est sur « la Garonne ! Et ils ne vont pas ainsi sur la Garonne ! « Non, ce n'est pas amusant, cela, tonton. » Je crus inutile d'insister, et je piétinai, en riant de moi-même, mon essai maladroit de construction enfantine. »

Or, si l'on y regarde de plus près, qu'est-ce au fond que cette joie d'être cause ? sinon la joie du *succès*, de la *victoire*. Un véritable instinct pousse les animaux à se soumettre leur entourage. C'est d'abord leur propre corps qu'ils s'essayent à maîtriser : ils y réussissent par l'expérimentation proprement dite, en s'exerçant, par exemple, à remuer les membres de diverses façons, à prendre, à tenir, à porter les objets, et aussi par les jeux de locomotion. De là, leur instinct de domination s'étend aux objets inanimés et se transforme aisément en instinct de destruction. Mais il va plus loin encore et cherche, au moyen des jeux de chasse et de combat, à s'assurer la puissance sur les êtres vivants ; l'animal même qui fuit veut faire plus que celui qui le poursuit. Cette joie du succès se retrouve plus ou moins dans tous les amusements enfantins. Le plaisir qu'éprouve un petit garçon à lancer une pierre ou une balle provient de ce qu'il se sent maître, non seulement du mouvement qu'il leur imprime, mais aussi de la direction et de la vitesse de ce mouvement; il est ravi de la docilité de la pierre et de la balle à suivre l'impulsion communiquée par lui. « D'où vient, demande Sully, le charme toujours si vivace, l'éternelle popularité du cerceau, sinon de ce que l'enfant peut diriger une chose qui, par ses mouvements capricieux, semble obéir à sa propre volonté ? Parmi tous ceux qui peuvent se rappeler leurs souvenirs d'enfance, qui donc mettra en doute le plaisir exquis que l'on éprouve à lancer un cerf-volant ? Quelle joie d'observer ses bonds à droite et à gauche, quelle crainte à chaque instant de le voir tomber à terre et quelle satisfaction de pouvoir envoyer un message le long de la ficelle à cette chose presque microscopique se balançant comme un oiseau là-haut, très loin dans le ciel bleu. La même chose est vraie des bateaux et des autres passe-temps de l'enfance. » — « Jouer pour l'enfant, dit M. Compayré (1), c'est souvent se mettre en avant, afficher sa supériorité, faire preuve de force attester enfin sa personnalité. S'il aime les amusements bruyants et tapageurs, par exemple, le

(1) *L'Évolution intellectuelle et morale de l'enfant*, p. 274.

tambour, ce n'est pas précisément que son oreille soit charmée de tout ce fracas ; c'est que, par le bruit qu'il fait, il appelle l'attention sur lui, se signale et se fait remarquer. » Le plaisir même que lui causent les jeux purement imitatifs provient en partie de ce qu'il *sait faire aussi* et, dans certains cas, de ce qu'il *sait faire mieux*.

On voit par ce qui précède qu'il n'est que relativement exact de définir le jeu une activité exercée pour elle-même, une activité sans but. Parler de « jeu désintéressé, déclare M. Souriau, c'est à ne plus savoir ce que parler veut dire ; lorsque nous jouons, nous nous préoccupons toujours du résultat de notre activité ». Le but peut être d'importance minime ; néanmoins il s'agit toujours d'un but à atteindre. « Si je fais une promenade, je me dirai que je veux aller ici ou là, ou faire tant de lieues. Si je joue à un jeu d'adresse, je veux gagner la partie, faire tant de points, arriver à tel but. Je ne cherche donc pas seulement le plaisir d'agir : je veux atteindre un résultat agréable par lui-même. Les jeux de hasard n'auraient aucun attrait si l'on *n'intéressait* pas plus ou moins le jeu. Quelquefois, ce sera par l'espoir d'un profit matériel, pécuniaire. Le plus souvent, ce ne sera que l'honneur d'avoir gagné. Mais est-ce donc du désintéressement que de travailler pour la gloire ? » La fin que je me propose peut ne pas valoir la peine qu'elle me coûte. « Mais que m'importe ? Je ne dis pas que le jeu est de l'intérêt bien entendu , je dis qu'on y est excité par des raisons intéressées. Au moment où je m'évertue pour arriver à cette fin, je ne mesure plus son importance, je ne songe plus aux raisons qui m'ont entraîné d'abord ; c'est la fin que je me suis proposée et j'y cours. Si l'idée me venait un instant qu'elle est par trop futile, qu'elle n'est qu'un prétexte, toute mon ardeur serait refroidie. Aussi est-il facile de remarquer que, lorsqu'on se livre à un jeu ou à un exercice quelconque, on fait toujours un effort d'esprit pour exagérer l'importance de la fin poursuivie. Faisant une partie de billard avec un adversaire redoutable, on appellera cela un match, on convoquera une galerie ; et les deux joueurs prendront plaisir à se figurer que sur chaque carambolage ils jouent leur réputation. Une partie d'échecs deviendra un véritable drame, et la main tremblera au joueur quand il avancera un pion décisif. Quand on part pour une excursion en canot, on se figure toujours un peu que l'on va naviguer vers des climats lointains. Se promenant en forêt, on se dit qu'on explore le pays, qu'on s'en va à la découverte ; et l'on donne ainsi satisfaction à cet esprit d'aventure que les habitudes de notre société trop bien policée n'ont pu étouffer complètement. — Il est donc de l'essence du jeu que, pour y prendre plaisir, il faut se monter l'imagination, se figurer que ce que l'on fait en petit est fait en grand ; il faut substituer mentalement à l'activité futile, pour laquelle on veut se passionner,

un mode quelconque de l'activité supérieure et intéressée. — Dites que je me trompe volontairement, si
vous voulez, dites même que j'ai sourdement conscience que c'est une illusion, et que je ne suis dupe
qu'à moitié du prétexte que je me donne. Il n'en reste
pas moins vrai que le plaisir de l'action pour l'action
ne me suffit pas et que je ne prends d'intérêt au jeu
qu'autant que mon amour-propre y est sérieusement
intéressé. Il faut toujours que j'aie une difficulté à
vaincre, un rival à dépasser, ou au moins un progrès
à faire (1). »

Lorsque l'enfant, au lieu d'être tout entier à son
jeu, de s'y adonner sérieusement, joue simplement
un rôle convenu, même alors il poursuit un but : il
cherche à étonner ou à amuser, il s'efforce de produire une certaine impression ; et le plaisir qu'il
éprouve, c'est toujours la joie du succès. Voici des
petits garçons qui se battaient pour jouer : ils pour-
suivaient un but, la victoire sur l'adversaire. Mais
supposons qu'ils luttent maintenant devant des spectateurs et qu'ils ont tout arrangé d'avance : je te don-

(1) P. Souriau, *ouv. cité*, pp. 19-20. — D'après ce psychologue,
le jeu de l'escarpolette devrait surtout son charme à la victoire *remportée sur la force de gravitation* : « Dans notre lutte
contre la pesanteur, dit-il (p. 22), la chute, c'est la défaite ;
l'équilibre, c'est la défensive ; le mouvement de simple trans-
lation, c'est un commencement d'affranchissement ; le mou
vement ascensionnel, c'est le triomphe. Regardez un enfant
à la balançoire : à chaque élan qui le porte en haut, quelle
expression de fierté ! »

nerai à ce moment l'occasion de me saisir, tu me jetteras par terre, mais j'exécuterai tout à coup un mouvement qui m'assurera la victoire... Si, dans ce cas, il n'est plus question pour les enfants de triompher de l'adversaire, ils n'en poursuivent pas moins un autre but, à savoir : agir sur les spectateurs.

Le plus haut degré de cette joie d'être cause, engendrée par le jeu, se rencontre, comme l'a très justement remarqué Schiller, dans le plaisir que procure le *sentiment de la liberté*. Illusoire ou non, la croyance à notre liberté provient essentiellement de ce que nous nous sentons maîtres d'agir comme il nous convient, maîtres de nous déterminer entièrement par nous-mêmes, de n'être influencés ni par les circonstances présentes, ni par notre expérience passée ; cette croyance est renforcée encore par la conscience que nous avons de pouvoir interrompre quand il nous plaira l'action commencée, de ne pas l'achever même, si bon nous semble. Aussi le vulgaire dit-il avec raison que l'homme est libre qui *peut faire et laisser ce qu'il veut*. Se sentir libre, c'est donc se sentir *cause absolue* de ses actes. « Mais où le sentiment de liberté peut-il être plus pur et plus intense que dans le domaine de l'illusion volontaire, dans le domaine du jeu ? Dans la vie réelle nous sommes partout sous l'empire des objets et sous la double pression de l'avenir et du passé. Les objets animés et inanimés ne se soumettent à notre volonté que contre leur gré ; ils nous dominent même quelquefois. La pensée de notre avenir nous fait souvent hésiter et supprime notre liberté d'action. Le passé, qui pourtant ne fait plus partie de notre moi, s'attache quand même à nous et nous tient par ses chaînes de fer (1). » Au contraire, dans le jeu, nous avons l'impression d'être parfaitement libres. Nous nous y sentons délivrés de cette nécessité qui domine la réalité, parce que nous nous y sentons maîtres souverains dans le rôle imaginaire que nous remplissons et que nous transformons à notre gré, et parce que nous avons conscience de vivre dans un monde où tout obéit docilement à notre volonté, à notre caprice. « Sérieuse est la vie, riant est l'art, » dit Schiller au prologue de son admirable *Wallenstein*. Et le héros du drame s'écrie lui-même : « L'aspect de la réalité est sévère. » Seule l'apparence est libre et gaie qui crée le jeu.

L'enfant fait connaissance avec la nécessité sous la forme de la discipline que lui impose l'éducation ; de là vient, pour une bonne part, le charme qu'il trouve dans le jeu, où il est libéré des prescriptions plus ou moins étroites de cette discipline. « L'enfance, a-t-on dit judicieusement (2), soumise à des règles pour le travail, aime à s'en affranchir dans ses récréations ; la mobilité de son imagination lui fait prendre, quitter, reprendre le même jeu vingt fois

(1) Groos, *ouv. cité*, p. 340.
(2) Mlle Sauvan, *Cours normal*, IIIe partie.

dans une heure ; vous en concluez que ce jeu l'ennuie, et vous cherchez à la fixer par un autre ; mais vous vous trompez : le changement était un plaisir, parce que le changement était une preuve que l'enfant se donnait à lui-même de sa liberté. »

Ce sentiment de l'action indépendante est une raison fondamentale du plaisir que l'enfant trouve dans l'imitation : l'enfant, d'abord, applique celle-ci où il veut et la prolonge comme il veut. Puis, par le libre choix du modèle, il varie à l'infini ses fantaisies ; les rôles qu'il s'attribue le sortent pour un instant de lui-même, de la maison, de la cour qui l'emprisonnent, et le font en pensée maître de l'espace, des choses et des hommes. Enfin, et c'est là un point que nous allons examiner, outre cette joie de la liberté savourée et vécue, le personnage qu'il adopte, homme, bête ou machine, lui procure le charme d'un rôle brillant où il se contemple avec ivresse (1).

Il est constant, en effet, qu'une nouvelle et abondante source de la jouissance ressentie par l'enfant qui joue se rencontre dans l'accompagnement intellectuel même de l'activité ludiforme, dans l'*illusion*.

Les jeux, aussi bien ceux des animaux que ceux des enfants, sont, avons-nous vu, le résultat d'une activité instinctive se manifestant sans cause réelle ; mais

(1) Voy. Gérard-Varet, *Le Jeu dans l'animal et dans l'homme*, conférence publiée dans la *Revue scientifique*, 4e série, t. XVII, (1er semestre 1902), pp. 489-490.

dans tous les cas où l'être qui joue se rend compte
que cette cause réelle n'existe pas et continue quand
même à jouer, nous avons affaire à une illusion due
à l'imagination. Certains jeux des animaux présentent
assurément ce caractère du jeu-illusion. C'est néanmoins chez l'enfant qu'il apparaît dans toute sa
force. L'imagination enfantine, en effet, a pour fonction propre de tout transformer, de tout animer. Or,
comme telle, elle est un des éléments essentiels du
jeu. Nous allons rechercher ici la *nature* de l'illusion
qu'elle engendre, nous réservant d'en distinguer les
formes au prochain chapitre.

« L'imagination, a écrit Dilthey (1), est la faculté
de tenir pour réelles de simples représentations. Dans
le rêve, dans la suggestion hypnotique et chez les
fous, il s'agit, dans la plupart des cas, d'une illusion
non pénétrée par le moi ; dans le jeu et dans l'art,
en revanche, il s'agit d'une *illusion volontaire consciente...* L'art est un jeu, le poète et l'enfant sont tous
deux des croyants ; l'enfant croit à la vie de ses poupées et de ses animaux, le poète à la réalité de ses
personnages. *Et pourtant ils n'y croient pas.* »

Nous lisons dans *Victor Hugo raconté par un témoin
de sa vie* (t. I, ch. VII) la relation d'un jeu auquel
le jeune Victor et son frère avaient coutume de se livrer et où apparaît bien nettement le rôle de l'illusion
ainsi entendue : « Ce qu'ils trouvaient encore de plus

(1) *Dichterische Einbildungskraft und Wahnsinn* (Imagination et illusion poétique) p. 22.

beau dans le jardin (des Feuillantines), c'était ce qui n'y était pas. C'était ce qu'y mettait leur imagination d'enfant, aussi infatigable que l'imagination de l'homme à se créer des chimères et des féeries. Que de choses il y avait pour eux dans le puisard desséché où il n'y avait rien ! — Il y avait surtout « le sourd », ce monstre fabuleux dont s'est souvenu l'auteur des *Misérables*, « qui est si terrible que personne ne l'a jamais vu ». A peine revenu de l'école, Victor disait à Eugène : Allons au sourd ! et vite, jetant leurs cahiers, sans donner à leur mère le temps de les embrasser, ils se précipitaient, roulaient dans le puisard, écartaient les ronces, ôtaient les briques, fouillaient les trous. — Je le tiens! — Le voilà ! — et étaient fort désappointés lorsqu'après une heure de recherche acharnée ils n'avaient pas trouvé cette bête *qu'ils savaient ne pas exister*. »

Il ne faudrait pas toutefois, croyons-nous, prendre rigoureusement à la lettre l'expression « illusion volontaire consciente » et la considérer comme valable absolument pour tous les jeux, ou du moins pour tous les moments du jeu. Les lignes suivantes de M. Compayré, en même temps qu'elles peuvent être regardées comme un excellent commentaire de la définition donnée plus haut de l'imagination, y apportent, dès le début, un tempérament, une restriction, sur la portée de laquelle nous nous expliquerons tout à l'heure : « Si, dit-il (*ouv. cité*, pp. 147-148), dans un grand nombre de cas, l'enfant est tout à fait dupe des fictions de son imagination, s'il renouvelle, dans ses croyances chimériques, les superstitions de l'idolâtrie et du fétichisme, le plus souvent il ne s'illusionne qu'à moitié. Comme le poète, il se complaît dans les chimères sans y croire. Le poète, qui vit dans le monde de ses créations, ne croit certes pas à la réalité de ses héros; mais il en parle comme s'ils étaient réels; il les voit devant lui, en chair et en os; il entend l'accent de leurs paroles et le timbre de leurs voix. Et sans être poètes, nous éprouvons tous, au théâtre, un commencement d'illusion analogue; nous ne sommes pas tout à fait dupes des événements qui s'accomplissent dans le drame joué sous nos yeux, mais nous le sommes à demi; nous accordons notre intérêt aux personnages de la pièce, et nous savons pourtant qu'ils n'existent pas. L'enfant, dont on a dit qu'il naissait poète, se trouve souvent dans le même état d'esprit. Il est lui-même l'ouvrier de ses illusions; il invente des mensonges qui le charment; il joue avec ses fictions, et il fait semblant de se laisser duper par elles, trouvant à ce jeu un plaisir infini. »

Accordons qu'en effet, l'enfant sait d'abord qu'il rêve. Mais, quand l'illusion à laquelle il se livre est parvenue à un certain point de vivacité, alors, semble-t-il, elle cesse d'être volontaire. Ainsi, V. Hugo et son frère, au moment de rechercher « le sourd », ne croyaient pas à l'existence du fantastique animal; mais, une fois adonnés à cette occupation, ils ne mettaient plus en doute, bien certainement, la réalité de

cet être horrifique et s'employaient avec autant de sincérité à le trouver que s'ils l'eussent déjà vu. Le petit
garçon qui joue à la poursuite, éprouve parfois, au
moment d'être atteint, le même sentiment d'angoisse
que s'il courait un véritable danger. Il importe donc
de distinguer dans l'illusion du jeu deux moments,
lesquels d'ailleurs alternent plus ou moins.

Au commencement, l'enfant qui réalise, qui met
en action une idée séduisante, a parfaitement conscience de la subjectivité de cette idée. Il parle de
faire semblant, de *faire comme si*. A-t-il des camarades ? il leur distribue un rôle : telle Eponine Thé-
nardier proposant à sa sœur Azelma de se servir du
chat emmaillotté, comme d'une poupée : « Vois-tu,
ma sœur, jouons avec. Ce serait ma petite fille. Je
serais une dame. Je viendrais te voir et tu la regar-
derais. Peu à peu, tu verrais ses moustaches, et cela
t'étonnerait. Et puis tu verrais ses oreilles, et puis
tu verrais sa queue, et cela t'étonnerait. Et tu me
dirais : Ah ! mon Dieu ! et je te dirais : Oui, madame,
c'est une petite fille que j'ai comme ça. Les petites
filles sont comme ça à présent (1). »

Mais quand l'action est engagée, chacun des acteurs, possédé par l'idée, oublie qu'il joue un rôle ; il
s'incarne dans le personnage qu'il représente, et un
moment arrive où il *croit* à l'illusion, où il métamorphose si bien les choses qui l'entourent et sa propre
personnalité, que la réalité disparaît pour lui devant

(1) *Les Misérables*, 2ᵉ partie, III.

la fiction ; il y a, en ce cas, une sorte d'auto-sugges-
tion, une auto-illusion véritable.

Sur ce point, les observations ne manquent pas.
Nous aurons d'abord recours au témoignage de
George Sand : « En galopant sur nos coursiers
imaginaires, atteste cette femme illustre (1), et en
frappant de nos sabres invisibles les meubles et les
jouets, nous nous laissions emporter à un enthousiasme qui nous donnait la fièvre. Je me retrace
particulièrement un jour d'automne où, le dîner étant
servi, la nuit s'était faite dans la chambre. Nous
nous poursuivions l'une l'autre à travers les arbres
c'est-à-dire sous les plis du rideau, Clotilde et moi ;
l'appartement avait disparu à nos yeux, et nous étions
véritablement dans un sombre paysage à l'entrée de
la nuit. On nous appelait pour dîner, et nous n'en-
tendions rien. Ma mère vint me prendre dans ses
bras pour me porter à table, et je me rappellerai
toujours l'étonnement où je fus en voyant les lu-
mières, la table et les objets réels qui m'environ-
naient. Je sortais positivement d'une hallucination
complète, et il m'en coûtait d'en sortir si brusquement. » — Voici maintenant, raconté par Mme Necker
de Saussure, un fait dans lequel l'illusion paraît bien
aussi être entière : « Un père entend de sa fenêtre
que ses enfants tirent à l'arc dans le jardin. L'un est
juge des coups ; d'autres en appellent de ses déci-
sions. On se dispute, on crie, on applaudit aux

(1) *Histoire de ma vie*, XII

vainqueurs, on insulte aux maladroits. Le père conçoit quelque inquiétude. Où ont-ils pris des arcs ? Peuvent-ils en tirer à leur âge ? Ne se feront-ils pas de mal ? N'y pouvant plus tenir, il descend dans le jardin et les observe. Il les voit rouges, animés, pleins de cette ardeur sérieuse qui accompagne les grands plaisirs. Toute la pantomime était parfaite ; mais il n'y avait ni arcs, ni flèches, ni but ; un mur formait tout le matériel de l'exercice (1). »

Telle est même quelquefois la force de cette auto-illusion chez l'enfant qui, jouant, s'est figuré, par exemple, être un soldat, un matelot, un marchand, un cocher, un brigand ou un guide, que la métamorphose imaginaire persiste alors que le jeu a cessé. Sully rapporte qu'un petit garçon de trois ans et demi aimait beaucoup jouer au charbonnier et continuait son rêve pendant toute la journée ; ce jour-là, non seulement il refusait d'être appelé de tout autre nom, mais il demandait dans sa prière : « Fais que je sois un bon charbonnier », et non « un bon garçon », comme d'ordinaire (2).

Cette pleine illusion, loin d'être dans le jeu un simple accident, est un puissant élément de jouissance esthétique. Plus l'enfant s'absorbe dans un rôle, plus il y croit, et plus il éprouve de plaisir. Il en est alors de lui comme de nous quand nous assistons à la représentation d'un drame ou quand nous sommes

(1) *L'Éducation progressive*, liv. III, chap. V.
(2) *Études sur l'enfance*, p. 55.

plongés dans la lecture d'un ouvrage qui nous émeut, qui nous captive, selon une expression très juste. La jouissance artistique que nous éprouvons est d'autant plus intense que nous sommes vraiment pris par le drame ou par le roman, que nous nous identifions davantage avec les personnages, qu'en un mot nous ne pensons pas lire ou voir une action fictive. Ainsi empoignés par la situation, s'il arrive qu'elle fasse naître en nous un sentiment trop douloureux, nous le maîtrisons en reprenant conscience de nous-mêmes, en nous disant : Après tout, ce n'est pas réel (1). Mais tant que nous sommes entièrement livrés à la jouissance esthétique, nous ne remarquons point que l'action n'est qu'apparente. Celle-ci est perçue comme telle seulement lorsque nous voulons sortir du jeu, et tant que dure ensuite la conscience de cette apparence, le plaisir ressenti est bien inférieur à celui que nous éprouvions d'abord. Or, ainsi que le jeu du théâtre, tout jeu vit d'illusion.

C'est pourquoi l'enfant se fâche de ce qui peut ébranler sa foi dans le monde imaginaire où il vit. « Ma petite fille de quatre ans, écrit une mère, jouait un jour « à la boutique » avec sa plus jeune sœur, au moment où j'entrais dans la chambre. L'aînée était le marchand, je m'approche d'elle et l'embrasse. Elle

(1) Pareillement, dans le cours de certains jeux, la violation des règles, lois ou limites convenus pourra dissiper l'illusion et amener cette protestation : « Ce n'est pas de jeu. »

éclate en sanglots : « Maman, tu n'embrasses jamais l'homme dans la boutique. » Mon baiser avait gâté son illusion. »

A plus forte raison est-il blessé au fond du cœur s'il remarque qu'on cherche à s'égayer de ses jeux et de ses rêveries. Sully raconte avoir entendu dire que certains enfants se mettaient à pleurer en voyant entrer subitement dans la chambre, au plus fort de leurs jeux, un étranger, ou en trouvant celui-ci critique et dédaigneux.

Mais notre présence seule gêne l'enfant parce qu'elle suffit à le rappeler à la réalité. J'ai vu, s'il m'arrivait de pénétrer dans quelque pièce où jouaient mes enfants, leur jeu cesser presque aussitôt. Et Louise de dire alors, d'un ton câlin : « Oh! papa... laisse-nous ! »

Aussi l'enfant aime-t-il à représenter ses petites scènes dans quelque recoin éloigné, où son imagination n'a point à souffrir d'une intervention quelconque. C'est là, surtout quand il joue seul, qu'il est absorbé le plus complètement. Faute d'entente, en effet, les jeux de société, si charmants lorsque tous les joueurs sont à l'unisson, risquent d'être gâtés par la nécessité de donner des explications qui détruisent en partie l'illusion.

Le manque d'enthousiasme chez des compagnons de jeu peut avoir le même effet désillusionnant. Dans ses *Mémoires* (1re partie, chap. VIII), Tolstoï en montre un curieux exemple. Il se trouvait, avec d'autres enfants, en partie de campagne : « A quoi allons-nous jouer ? demanda Lioubotchka, en clignant des yeux à cause du soleil et en sautant sur l'herbe. — Jouons à Robinson. — Non..., c'est ennuyeux, fit Volodia qui s'étendit paresseusement sur l'herbe en mâchant des brins de feuillage, — toujours Robinson. Si vous tenez absolument à jouer, construisons plutôt un petit châlet, conclut-il d'un air important.

« Son orgueil venait sans doute d'avoir monté « un cheval de chasse » ; il affectait une grande fatigue. Peut-être, après tout, avait-il déjà trop de bon sens et plus assez d'imagination pour se récréer au jeu de Robinson. Ce jeu consistait dans la représentation de scènes du Robinson suisse, que nous avions lu peu auparavant.

« Je t'en prie... Pourquoi nous refuser ce plaisir ? lui demandèrent les petites filles. — Tu seras Charles, ou Ernest, ou le père... comme tu voudras, dit Kategnka en le tirant par la manche et en essayant de le soulever de terre. — Non, vraiment, cela ne me plaît pas... Cela m'ennuie, déclara Volodia en souriant d'un air suffisant. — Il aurait mieux valu rester à la maison, si personne ne veut jouer, dit Lioubotchka à travers ses larmes. Lioubotchka était une terrible pleurnicheuse. — Eh bien ! soit, mais je t'en prie, ne pleure pas... je ne puis souffrir cela.

« La condescendance de Volodia nous procura peu de plaisir ; au contraire, son attitude nonchalante et ennuyée enlevait tout son charme à notre jeu. Quand nous nous assîmes par terre, pour figurer le départ en canot pour la pêche, et que nous nous mîmes à ramer de toutes nos forces, Volodia resta les mains croisées et dans une posture qui ne ressemblait en rien à celle d'un marinier. Je lui en fis l'observation. Ii me répondit que nous ne gagnerions rien à agiter nos bras et que cela ne nous ferait pas voguer plus loin. Je dus en convenir.

« Ensuite, quand j'entrai dans la forêt, un bâton sur l'épaule en guise de fusil, pour simuler le départ pour la chasse, Volodia s'étendit sur le dos, les mains croisées derrière la tête et me dit qu'il était déjà revenu. Cette manière d'agir nous refroidissait dans notre jeu et nous était très désagréable. Je savais très bien qu'avec un bâton on ne pouvait pas tuer un oiseau, ni même tirer le moindre coup de feu, mais puisque c'était un jeu... »

L'illusion est, comme on voit, une condition importante du plaisir du jeu, et la jouissance qu'elle procure paraît être en raison de sa vivacité. Il reste à nous rendre compte de la façon dont elle se produit.

C'est là un phénomène psychologique complexe, dont M. Ribot a bien distingué les éléments.

Le point de départ est la présence, dans l'esprit de l'enfant, d'une image ou d'un groupe d'images qui s'empare de sa conscience et en exclut tout le reste : il y a là quelque chose d'analogue à l'état de suggestion chez l'hypnotisé. Le bâton, par exemple, que l'enfant tient entre ses jambes devient pour lui un cheval imaginaire.

Notons maintenant que l'image a pour support une réalité qu'elle enveloppe ; c'est cette réalité, si mince qu'elle soit, qui confère l'objectivité à la création imaginaire et l'incorpore au monde extérieur. Ici le mécanisme est analogue à celui qui produit l'illusion sensorielle, mais avec un caractère de stabilité qui exclut la rectification. L'enfant transforme en cheval un morceau de bois, parce qu'il ne perçoit que le fantôme qu'il a créé, c'est-à-dire les images qui hantent son cerveau, non la matière qui les suscite.

Finalement, cette puissance de création qui investit l'image de tous les attributs de la réalité dérive d'un fait fondamental, la *croyance*, c'est-à-dire l'adhésion de l'esprit à la représentation ou à l'image.

Il est dans la nature de l'image d'apparaître d'abord comme une réalité, de s'objectiver spontanément, d'être hallucinatoire. Mais, par cela même qu'elle s'objective naturellement, la croyance la suit naturellement aussi. La représentation ne cesse d'être objet de croyance que lorsqu'elle est *contredite*, lorsqu'elle rencontre des représentations antagonistes ou *répressives*. Le rêve, par exemple, est reconnu tel, par comparaison avec l'état de veille. L'image, quand elle entre dans la conscience, traverse donc deux moments. « Durant le premier, elle apparaît comme une réalité pleine et entière ; elle est objective. Durant le second (qui est définitif), elle est dépouillée de son objectivité, réduite à l'état d'événement tout intérieur, par l'effet d'autres états de conscience qui contredisent et finalement annihilent son caractère objectif. Il y a affirmation, puis négation; impulsion, puis arrêt... En ce qui concerne le cas particulier de l'enfant, des deux moments que l'image traverse dans la conscience, le premier (celui de l'affirmation) est tout pour lui, le second (celui de la rectification) n'est rien : hypertrophie de l'un, atrophie de l'autre. Pour l'adulte, c'est le contraire : même dans beaucoup de cas, par suite de l'expérience et de l'habitude, le premier moment où l'image devrait être affirmée comme réalité n'est que virtuel, littéralement atrophié. Cependant, il faut remarquer que ceci ne s'applique que partiellement à l'ignorant et encore moins au sauvage (1). »

La rectification, la réduction des images est due principalement à la raison, à la connaissance des lois de la nature, à l'expérience personnelle ou aux souvenirs, aux sensations. Or, par suite de la pauvreté de son développement mental, ces représentations antagonistes existent à peine ou agissent insuffisamment chez l'enfant; alors qu'au contraire les états affectifs, les tendances, comme le désir, la peur, qui donnent à l'image plus d'intensité et lui

(1) Ribot, *L'Imagination créatrice*, pp. 91-94. — Cf. Taine, *De l'Intelligence*, 1re partie, v. II, chap. Ier, et 2e partie, liv. I, chap. Ier (De l'Illusion) et II (De la Rectification).

assurent la victoire dans la lutte contre les autres états de conscience, trouvent en l'enfant une proie toute prête.

Par là s'expliquent chez lui la facilité et la vivacité de l'illusion. Mais comment y est-elle rectifiée ? Car enfin si, par moments, l'illusion paraît complète, sans réserves, ce n'est que par intermittence ; il se produit une alternance entre l'affirmation et la négation, une oscillation de l'une à l'autre. L'enfant croit et il ne croit pas. Et, par suite, son illusion, même quand elle est pleine, entière, n'est pas, sauf cas exceptionnel, absolue comme celle de l'hypnotisé ou de l'halluciné, puisque par intervalles il prend conscience de son rêve, puisqu'il se rend compte qu'il joue : l'enfant croit faire de délicieux pâtés avec de la terre humide, encore se garde-t-il de les manger !

Ici deux causes, à notre avis, contribuent principalement à la rectification de l'illusion. Elle est facilitée d'abord, d'une manière toute passive, par le fait que *l'ensemble des circonstances* au milieu desquelles se produit l'illusion, tend incessamment à diminuer la vivacité de celle-ci ; aussi bien la forme même de l'objet qui lui sert de soutien et le souvenir des jeux auxquels il a déjà servi, que les étrangetés du lieu de la scène, la difficulté d'un concert parfait entre les camarades, la présence d'adultes, ou simplement le bruit de leurs pas, de leurs voix.

Mais la *conscience de son activité* propre, voilà

surtout ce qui empêche l'enfant d'être vraiment dupe de ses chimères. Dans le jeu, avons-nous dit, l'enfant se sent *cause* : il veut réaliser une idée séduisante, il crée l'action, il en dirige les péripéties. Il a de la sorte le sentiment que tout ce monde d'apparences ne dépend que de lui-même et qu'il lui donne librement naissance. Ce sentiment peut s'obscurcir plus ou moins, mais ne disparaît pas complètement, et cela suffit pour qu'il n'y ait pas *confusion* de l'apparence avec la réalité, comme cela arrive dans les cas pathologiques. Nous ne pouvons donc qu'adhérer à ces paroles de Groos (*Ouv. cité*, pp. 343-344) : « Dans l'œuvre d'art, l'artiste possède toutes sortes de moyens extérieurs destinés à nous mettre à l'abri d'une erreur vraie. Conrad Lange appelle ces moyens : moments qui interrompent l'illusion ; le cadre du tableau et le socle de la statue en font partie. Dans le jeu, le *sentiment de liberté* rend un service analogue à celui que rendent ces moyens extérieurs ; il donne au pseudo-monde du jeu une nuance de sentiment particulière, différente de toute réalité et qui nous empêche, même dans les moments de la jouissance esthétique la plus intense, de confondre l'apparence avec la réalité... Dans le jeu conscient, toute la pseudo-activité est transformée par le sentiment de liberté en quelque chose de plus haut, de plus libre, de plus délicat, de plus léger, que nous ne saurions considérer comme la réalité. »

CHAPITRE III

CLASSIFICATION DES JEUX DES ENFANTS

Deux classifications possibles des jeux des enfants : 1° d'après leur origine ; — 2° d'après leur but. — I. Classification des jeux *d'après leur origine*. — Remarques préliminaires. — 1. Jeux d'*hérédité* ; — exemples. — 2. Jeux d'*imitation* : 1° jeux imitatifs de survivance ; — exemples ; — 2° jeux d'imitation immédiate ou directe ; — cas divers ; — exemples ; — 3. Jeux d'*imagination*. — Leurs principales formes : 1° métamorphose des choses ; — exemples ; — 2° vivification des joujoux ; — exemples ; — 3° création de jouets imaginaires ; — 4° transformation de la personnalité ; — exemples ; — 5° réalisation des contes ; — exemples. — II. Classification des jeux *d'après leur fonction éducative*. — 1. Jeux *de mouvement* ; — exemples ; — leur supériorité sur la gymnastique. — 2. Jeux *pour l'éducation des sens* ; — exemples. — 3. Jeux *pour le développement de l'intelligence* ; — exemples. — 4. Jeux *émotionnels* ; — 5. Jeux *pour la culture de la volonté* ; — exemples. — 6. Jeux *artistiques* : 1° jeu *pittoresque* ; — 2° jeu *épique* ; — 3° jeux *architectoniques* ; — 4° jeux *d'imitation plastique* ; — 5° jeu *pictural* ; — 6° jeux *dramatiques*. — Exemples divers.

Il y a lieu, une fois déterminée la nature biologique et psychologique du jeu, de distinguer les types principaux auxquels il semble réductible. Cette classification peut se faire à deux points de vue.

Ou bien l'on envisagera dans les jeux surtout leur origine. On les ramènera alors, en tenant compte de la prédominance plus accentuée en chacun d'eux des éléments constitutifs du jeu précédemment reconnus, à trois grandes espèces : jeux d'hérédité, jeux d'imitation, jeux d'imagination.

Ou bien on se préoccupera plutôt de leur fin, plus ou moins inconsciente, du rôle qu'ils peuvent jouer comme éducateurs, des inclinations ou besoins auxquels ils paraissent répondre, en un mot, de leur utilité pratique (1). On distinguera, dans ce cas, les jeux

(1) C'est sur ce principe du rôle éducateur des jeux qu'ont été généralement basées les classifications tentées par les psychologues et par les physiologistes. Ainsi, dans son ouvrage sur *L'Éducation artistique de la jeunesse allemande*, Lange réduit à quatre espèces les jeux d'enfants, savoir : les jeux de mouvement, les jeux pour l'éducation des sens, les jeux artistiques et les jeux pour le développement de l'intelligence. — Le docteur Sikorski (*loc. cit.*, pp. 413-419), qui trouve « dans les divertissements des enfants des problèmes purement intellectuels », divise « le vaste monde des jeux de l'enfance en trois grands groupes » : le premier et le plus grand de ces groupes se trouve en corrélation avec le développement du penser abstrait, et il sert à l'enfant *d'auxiliaire puissant dans son travail pour apprendre à raisonner* ; — le second sert au *développement et à l'affermissement de la conscience de soi-même* ; — le troisième sert à *s'exercer dans la reproduction des impressions et des idées.* — Quant à Groos, dans l'ouvrage qu'il a consacré aux *Jeux des hommes*, il distingue et étudie longuement, d'une part, les jeux d'expérimentation : ce sont les jeux intéressant les sens (toucher, ouïe, vue, etc.), la motilité, les facultés supérieures de l'âme, et, d'autre part, les jeux qui se rapportent aux penchants

intéressant la motilité, les jeux propres à faire l'éducation des sens, à développer l'intelligence, à cultiver la sensibilité, la volonté, et enfin ceux qui satisfont principalement le libre jeu de l'imagination et où l'illusion est le plus vive, c'est-à-dire les jeux artistiques, es plus désintéressés de tous.

Nous allons examiner sucessivement ces deux classifications.

Considérés au point de vue de leur origine, les jeux, disons-nous, peuvent être rangés en trois classes, suivant qu'est prépondérante en chacun d'eux

secondaires : jeux de lutte, de courtisation, d'imitation, jeux sociaux.

Signalons pourtant quelques indications de classifications possibles des jeux, esquissées d'un point de vue différent du précédent. Suivant M. B. Pérez (*L'Enfant de trois à sept ans*, pp. 90-95), il y aurait lieu de distinguer : 1° les jeux *réguliers et appris*, jeux collectifs qui sont une image adoucie des exercices et des actions de la vie ordinaire, de la vie d'effort et de lutte ; l'élément affectif, de caractère surtout social, y est prédominant ; 2° les jeux *libres et irréguliers*, jeux surtout physiques ; 3° les jeux, *simple exercice de loisir*, où prédomine l'élément intellectuel d'observation et de construction, et qui sont caractérisés par le calme et le sérieux relatif qui y président. — D'après M. C. Mélinand (*Jeux et jouets d'enfants*, art. de *La Revue*, 1er janvier 1902), on pourrait reconnaître trois espèces des jeux d'enfants : d'abord les *jeux-exercices*, qui consistent simplement à dépenser de l'activité, de l'énergie, à agir pour agir ; — ensuite les *jeux d'adresse* : l'enfant agit pour atteindre un but ; tels sont tous les jeux qui consistent à lancer et à saisir ; — puis les *jeux d'imitation*, qui consistent à rpreoduire, plus ou moins fidèlement, les scènes ou les l'action de l'hérédité, de l'imitation ou de l'imagination. Qu'on prenne garde, toutefois, que les faits ainsi répartis dans des catégories bien tranchées, participent, au fond, d'une commune nature. Il ne faut pas oublier, en effet, que même les jeux attribués à l'imagination ont leur source intime dans l'instinct; mais inversement l'imagination joue le plus grand rôle dans tous les jeux des enfants. S'il est des jeux où elle apparaît au premier rang et se manifeste par des créations originales, elle étend encore son influence sur ceux-là même que nous rapportons de préférence à l'hérédité ou à l'imitation. Dans tous d'abord existe l'illusion; puis, si l'hérédité prédispose, donne l'impulsion, encore laisse-t-elle le choix des moyens; quant à l'imitation, outre qu'elle est une preuve de la puissance réalisatrice de l'imagination enfantine (ainsi la fillette, pour imiter *la maman*, commence par transformer sa poupée en un enfant vrai, c'est-à-dire crée), elle n'est jamais si fidèle qu'il n'y ait toujours une part qui revienne à l'invention proprement dite. Ces réserves faites, examinons les jeux qui semblent plus particulièrement se rattacher à *l'hérédité.*

attitudes de la vie réelle. — M. Gérard-Varet (*loc. cit.*, pp. 486 et suiv.) fait rentrer enfin tous les jeux dans deux catégories: 1° les jeux à base d'*action*, qui revêtent la forme de *lutte* et s'offrent comme un phénomène social ; — 2° les jeux à base de *rêve*, qui, au lieu de rapprocher, isolent, qui reploient l'être sur lui-même et sont, en leur fond, fascination (type : la poupée).

Nous avons eu l'occasion de signaler les principaux d'entre eux. Rappelons les jeux de lutte, les jeux de chasse ou de poursuite, de cache-cache et de fuite. Mais où elle manifeste le plus visiblement son influence, c'est dans la différence des inclinations auxquelles obéissent les garçons et les filles. De Hartmann fait agréablement ressortir que cette dernière n'est pas un résultat de l'imitation :

« Que l'on considère une petite fille et un petit garçon : la première, pimpante, agile, coquette, minaudière, gracieuse comme un petit chat ; le second, gauche, lourd, comme un jeune ours. L'une se pare et s'ajuste, veille sur sa poupée, fait la cuisine, blanchit et repasse le linge dans ses jeux ; l'autre bâtit une maison, joue au soldat, monte à cheval sur un bâton, etc. (1). Si le goût du jeu n'était qu'un effet de l'imitation, les garçons et les filles imiteraient de la même manière, puisqu'ils ne comprennent pas la différence des sexes, et à vrai dire cette différence n'existe pas encore pour eux. Comme est étrange cette passion de la danse, cette propreté, ce goût de sa toilette, cette grâce, on pourrait dire cette coquetterie enfantine qui, chez les petites filles, fait penser

(1) J'ai vu Paul, qui n'avait pas encore eu de tambour entre les mains, imiter, à peine âgé de trois ans, le jeu de cet instrument. Il marchait, la tête dressée, frappant de ses petits poings sur son ventre et poussant des ran pa ta plan. Jamais sa sœur n'avait tenté semblable imitation, et elle s'amusait beaucoup de le voir jouer ainsi, sans songer le moins du monde à faire comme lui.

QUEYRAT. — *Les Jeux des Enfants.*   6

à leur mission future de conquérir les hommes !
Combien est caractéristique le sérieux infatigable
avec lequel les filles veillent sur leurs poupées, les
habillent et les dorlotent ! Comme tout cela répond
à la tendresse qui les porte à couvrir de baisers et
de caresses, lorsqu'elles sont les plus grandes, tous
les petits enfants, pour lesquels les jeunes hommes
éprouvent les mêmes aversions que pour de petits
singes (1). »

On peut regarder encore comme un résultat de
l'hérédité, chez l'homme, le goût pour les aventures
et pour les jeux de hasard. Chez nos lointains ancêtres, la vie était un risque perpétuel ; la chasse
seule, avec ses alternatives de succès et d'échecs,
procurait les subsistances indispensables, et le chasseur en quête d'une proie pouvait devenir proie à
son tour ; l'homme vivait du hasard et dans le hasard :
celui-ci est devenu ainsi pli indélébile de la volonté,
forme indestructible de la pensée. Aussi est-ce en
vain que notre existence de civilisés est faite de
sécurité ; l'aventure inspire encore, de nos jours,
les directions, les plus passionnément poursuivies,
de l'activité : aventures de la guerre, du négoce, de la
pensée. Et si le milieu où nous évoluons est un
cercle d'occupations uniformes, l'instinct d'aventure, contrarié par le métier, cherche une issue ; le
vertige du risque remonte à la tête, et les jeux à
forme de lutte s'organisent. « Une partie de chasse,

____

(1) *Philosophie de l'Inconscient*, t. I, 2ᵉ partie, 1.

une partie de cartes, dit M. Gérard-Varet, c'est une résurrection, la résurrection en nous de la plus ancienne humanité. »

Les jeux *d'imitation* sont eux-mêmes, jusqu'à un certain point, un effet de l'hérédité. Nous avons reconnu précédemment que la tendance à l'imitation est innée, qu'elle est un phénomène de transmission héréditaire, et que, par suite, les actes imités sont d'ordinaire ceux pour lesquels il y a chez l'individu une prédisposition instinctive et qu'une fois adulte il devra accomplir à son tour. Une des premières choses qui nous frappent, en effet, si nous considérons les jeux de l'enfance, « c'est de voir, remarque Tylor, combien il y a de ces jeux qui ne sont que des imitations récréatives des affaires sérieuses de la vie. En nos temps civilisés, nos enfants jouent à la dînette, aux chevaux, à la chasse ; de même les enfants des sauvages ont pour principal amusement d'imiter ces occupations qu'ils auront à prendre au sérieux, quelques années plus tard, et leurs jeux deviennent ainsi de vraies leçons. Les enfants des Esquimaux s'amusent à tirer à la cible avec de petits arcs et de petites flèches, et à bâtir de petites huttes de neige qu'ils éclairent avec des bouts de mèche de lampe qu'ils ont obtenus de leurs mères. »

Il arrive parfois qu'un jeu survit à la pratique sérieuse de ce dont il était l'imitation, aux usages qu'il copiait et qui ont disparu des mœurs ; ainsi en est-il, par exemple, de l'arc et de la flèche, de la fronde.

« Ces armes, dont l'usage remonte à la plus haute antiquité, et qui se rencontrent dans presque toutes les sociétés sauvages qui ont traversé la période de la vie barbare et celle des nations classiques, sont demeurées employées jusqu'aux dernières années du moyen âge. Mais, aujourd'hui, sommes-nous témoins de quelque réunion pour tirer de l'arc, ou bien nous promenons-nous aux champs, dans la saison où les enfants portent leurs arcs et leurs flèches pour se divertir, nous n'avons plus sous les yeux qu'une survivance d'un caractère purement récréatif de l'usage d'une arme qui, chez quelques tribus sauvages, garde encore sa place meurtrière à la chasse ou dans la bataille. L'arbalète, perfectionnement relativement moderne et local de l'arc ordinaire, a disparu plus complètement encore de l'usage pratique ; mais, à l'état de jouet, elle persiste dans toute l'Europe, où, probablement, elle se perpétuera de la sorte. Sous le rapport de l'antiquité et de l'extrême diffusion dans le monde depuis l'âge sauvage jusqu'à la période classique et au moyen âge, la fronde peut être mise au même rang que l'arc et la flèche ; mais au moyen âge elle cesse d'être en usage en tant qu'arme utile... Cette arme grossière et primitive s'est surtout conservée comme jouet, et les enfants sont encore ici les représentants de la civilisation la plus reculée (1). »

(1) Tylor, *La Civilisation primitive*, t. I, chap. III. — Outre ces eux qui nous ont transmis le souvenir de l'art de la guerre

Dans ces derniers jeux, les enfants ne font que reproduire, parvenus à un certain âge, des actes auxquels ils ont vu d'autres enfants se livrer. Mais, pour ce qui est de la pratique de leur entourage, ils l'imitent de très bonne heure (1). Une petite fille de neuf à douze mois, citée par Preyer, imitait de la façon la plus comique ce qu'elle voyait faire par sa bonne ; elle baignait sa poupée, la corrigeait, la berçait, l'embrassait (2). « Un petit garçon de deux ans met le bout de la pipe de son père dans sa bouche, ou tout près s'il est prudent, et fait semblant de fumer. Un autre petit bonhomme d'un peu moins de deux ans passera toute une après-midi de pluie à peindre les meubles avec le bout d'une corde parfaitement sèche... De simples jeux, comme la course au marché pour acheter des pommes imaginaires, se présentent à l'esprit des enfants de très bonne heure ; une mère nous a assuré que tous ses enfants y

comme elle se faisait primitivement, Tylor en mentionne un certain nombre qui nous reproduisent de même, en manière de récréation et de leçons enfantines, les premières pages de l'histoire de ce qu'on peut appeler l'enfance de l'humanité (les uns ou les autres rappelant la formation du langage, de la numération, la production du feu, etc.), ou bien qui perpétuent une branche de la science des sauvages, jadis en grand honneur, la divination (pile ou face, dés, osselets, etc.) — Voy. dans la traduction française de l'ouvrage les pages 85 à 96 du tome I.

(1) Darwin, Tiedemann, Preyer ont noté des faits d'imitation dès la fin du quatrième mois.

(2) Voy. *L'Ame de l'enfant,* p. 237.

jouaient dès la seconde année, avant de pouvoir parler (1). »

L'enfant imite ce qui le frappe, ce qui l'intéresse ; il mime des scènes plus ou moins dramatiques de la vie sociale ; il reproduit les modèles que les uns ou les autres, son père, sa mère et ses maîtres, notamment, lui ont présentés, ce qu'il a observé au cours de ses promenades. Combien de fois j'ai vu Louise faire la classe à ses poupées, les interroger, leur dicter quelques lignes, leur donner des notes, les louer, les punir, ou jouer, tantôt avec de petites camarades, tantôt avec ses frères, à la maman, à la dame ou aux visites, à la marchande, à la cuisinière, à la pâtissière ! Que de gâteaux de sable ou de sciure de bois ont cuit dans un four imaginaire ! Et que de fois aussi j'ai vu Paul et Henri, à l'instar d'un charron du voisinage, feindre de chauffer et de ferrer leurs cerceaux, s'amuser dans un coin du jardin, qui leur est abandonné, à piocher, à planter et à semer, à arroser, à creuser des puits et à construire des aqueducs que, plus patient que M. Lambercier, il me fallait bien laisser faire à ces autres Jean-Jacques ! ou encore jouer au chemin de fer et à l'automobile, sans oublier les coups de sifflets et les jets de vapeur, ni le teuf-teuf si réjouissant !

Ce jeu au chemin de fer paraît, du reste, assez commun. Mais un petit garçon, observé par M. Mé-

(1) Sully, *ouv. cité*, pp. 53 et 56.

linand (1), y apporta une complication géniale.
Puisqu'on jouait au chemin de fer, si on jouait *au
tunnel*, pensa-t-il ! Et alors il *fit le tunnel*. « *Faire le
tunnel*, cela consiste à fermer hermétiquement les
yeux ; comme on n'y voit plus que du noir, on est
dans le tunnel ; et comme on est une locomotive, on
continue à rouler en mugissant, les yeux fermés, et
le tout se termine, comme il était aisé à prévoir, par
une collision avec un arbre et une formidable bosse
au front. »

Sont-ils réunis en nombre suffisant, les enfants se
plaisent à représenter les spectacles auxquels il leur
a été donné d'assister : manœuvres militaires, cor-
tèges de noces, parades et exercices de cirque, luttes
athlétiques. « Il vint à Genève, raconte J.-J. Rousseau,
un charlatan italien appelé Gamba-Corta : nous
allâmes le voir une fois et puis nous n'y voulûmes plus
aller ; mais il avait des marionnettes, et nous nous
mîmes à faire des marionnettes ; ses marionnettes
jouaient des manières de comédie, et nous fîmes des
comédies pour les nôtres. Faute de pratique, nous
contrefaisions du gosier la voix de Polichinelle, pour
jouer ces charmantes comédies que nos pauvres
parents avaient la patience de voir et d'entendre.
Mais mon oncle Bernard ayant un jour lu dans la
famille un très beau sermon de sa façon, nous quit-
tâmes les comédies et nous nous mîmes à composer

(1) *Art. cité*, p. 72.

des sermons (1). » — A Marseille, dit le docteur Despine, lorsque le cirque du champ de foire est démoli, on voit les gamins qui ont assisté aux exercices des clowns, s'essayer, sur la place même marquée par l'arène, à reproduire les tours de force dont ils ont été témoins. — A Nîmes, l'imitation des courses de taureaux est un jeu assez répandu.

Cette imitation collective s'étend jusqu'aux cérémonies religieuses, telles que processions, baptêmes (de poupées), ou même convois funèbres. Voici un cas de ce genre, observé en pays creusois par Maurice Rollinat, et que rendent particulièrement intéressant la perfection de la mimique et la variété des rôles des acteurs en scène : « Un jour d'été, dit cet écrivain, entre deux sveltes taillis, dans un grand pacage à monstrueux buissons tout enserpentés de pompeux et embaumants chèvrefeuilles, je vis une bande d'enfants, petits garçons et petites filles, qui, par leurs façons, maintien et allures, m'intriguèrent singulièrement.

« Les uns, formant un petit groupe, avaient l'air de se consulter, comme pour une chose importante ; à quelques pas, derrière eux, d'autres en rang, — et, parmi ceux-là, toutes les fillettes sous leurs longues mantes noires, — semblaient attendre, pensifs, restaient là, les bras pendants, debout, sans rien dire, d'un aspect morne, d'un recueilli stupéfait.

« Entre ces deux groupes, un marmot couché sur

(1) *Confessions*, partie I, liv. I.

les reins, les mains ramenées sur sa poitrine, la bouche et les yeux clos, gisait dans l'herbe, totalement étendu fixe, inerte, ne bougeant pas plus qu'une pierre, surveillé de chaque côté par trois gamins, les plus grands de la troupe, qui, eux aussi, avaient sur la figure une expression grave et mélancolique.

« Tout près, deux autres tiraient vigoureusement sur de longues branches de saules, avec cette mimique d'efforts et ces petits accroupissements et soulèvements dansés au-dessus du sol qu'ont les sonneurs de cloche dans les églises, et, à côté d'eux, faisant face au buisson, il y en avait un qui, d'un air préoccupé, était en train, avec des joncs d'une mare voisine, de lier en travers un petit morceau de bois mort à l'un des bouts d'une grande gaule toute fraîche coupée ; ce qui figurait, bien nature, avec de l'écorce, du lichen, du lierre et de la mousse, une jolie croix rustique longue et maigrelette.

« Eh ! que diable faites-vous donc là tous ? » demandai-je à ce dernier. — Nous jouons à l'enterrement, me répondit-il, vous voyez ben là-bas c'lui qu'est couché ? C'est l'mort ! Contr' lui, d'chaqu' côté, les porteurs ! En d'vant, les enfants d'chœur et pis l'curé ! Derrière, l'monde et les parents ! Ces deux-là sonnent ses glas, et moi j'fais sa croix qu'on y mettra sus sa tombe, dans l'cim'tière qu'est là en face, au fond du pré ! » Tout ceci débité de façon posée, triste, sans l'ombre d'un sourire, pas plus des yeux que des lèvres.

« Et le bambin, ayant fini son travail et fait signe à ses camarades que tout était prêt, passa le premier en tête, tenant, comme un drapeau, sa haute croix fluette qui, ainsi s'employant à deux fins, allait solennellement faire la conduite du cortège, en attendant de s'en séparer pour rester avec son mort.

« Et l'enfantin convoi se mit en marche : celui qui représentait le prêtre disparaissait sous une chape de genêts, toute festonnée de fleurettes ; et les enfants de chœur s'étaient encalottés et robés de rouge avec des profusions de coquelicots.

« Ils allaient pas à pas, les mains jointes sous le nez, vociférant des mêmes finales de litanies, des bribes de *Libera*, des syllabes de psaumes ; les porteurs traînaient leur mort avec toutes les marques de la peine la plus ployante, de l'effort le plus accablé, pour faire croire à sa plombeuse lourdeur ; les petits garçons de la suite, nu-tête, le cou recourbé, faisaient le geste sans cesse réitéré de s'éponger les yeux ; et les petites filles, revêtues jusqu'aux pieds de leur capote noire, la tête enfouie, baissée dans le capuchon clos, jouaient au mieux les pleureuses lugubres... C'était le convoi modèle ; la lenteur de la démarche, le recueillement, l'affliction, se prouvant par les gémissements, les soupirs, par le bombé du dos, l'engoncement du cou, la déploration du regard et du geste... tout y était (1) !... »

Les jeux qui paraissent les plus spontanés et où

(1) Rollinat, *En errant*, proses d'un solitaire, pp. 101-104.

est surtout visible la part de l'*imagination*, ne laissent pas à leur tour de dépendre à quelque degré de l'hérédité. On sait, en effet, que les différentes formes de l'imagination créatrice sont héréditaires (1). Mais elle-même a sa source profonde dans l'inclination. Comme l'a montré M. Ribot, chaque individu n'a d'imagination vive que pour ce vers quoi le porte sa nature, pour ce qu'il aime spécialement. Toutes les inventions de l'homme ont leur point de départ dans ses besoins divers. « Chaque besoin, tendance, désir peut devenir créateur, soit isolément, soit associé à d'autres, et c'est en ces éléments derniers que l'analyse doit résoudre la spontanéité créatrice (2). »

Nous n'avons pas à insister sur ce point, mais nous le signalons, parce qu'il permet d'expliquer l'originalité et la variété plus ou moins grandes que l'on peut observer dans les jeux proprement imaginatifs des enfants.

C'est dans ces jeux que se manifeste vraiment l'individualité de l'enfant. Là, il se laisse aller aux caprices de sa fantaisie : il invente et combine à son gré; il reprend sous une autre forme ce qui ne lui a point réussi; il cherche du nouveau, qui sera, par cela même, bien plus amusant. Et cette invention, grâce à la puissance de l'illusion, est d'une richesse inépuisable.

(1) Voy. Ribot, *L'Hérédité psychologique*, pp. 71-81.

(2) Ribot, *Essai sur l'imagination créatrice*, p. 262. — Voy. notamment, pour la preuve, 1re partie, chap. II.

D'abord l'enfant qui joue transfigure tous les objets qui l'entourent; ils prennent pour lui l'apparence et le sens du rôle qu'il leur assigne. « Qui peut dire, écrit Sully, à combien de jeux étranges a servi cette masse pesante et rigide qui s'appelle un dossier de canapé, grâce à l'esprit d'invention des enfants ?... Que d'animaux n'a-t-il pas représentés, depuis le patient baudet jusqu'au cheval sauvage ! »

Une chambre et les meubles qui l'occupent deviennent une forêt : « Avec ma cousine Clotilde ou les autres enfants de mon âge, dit G. Sand, nous simulions des batailles, des fuites à travers ces bois qui jouaient un si grand rôle dans mon imagination. Et puis l'une de nous était perdue, les autres la cherchaient, l'appelaient. Elle était endormie sous un arbre, c'est-à-dire sous le canapé. On venait à son aide... »

Un siège est élevé au rang de tilbury ou de calèche : « Pendant les longues soirées d'hiver, raconte Tolstoï, nous couvrions de châles un fauteuil et nous le transformions en voiture. L'un faisait le cocher, l'autre le laquais, et les petites filles se plaçaient au milieu; les trois chaises formaient la troïka des chevaux, et nous nous mettions ainsi en route. Que d'aventures nous arrivaient pendant ce voyage imaginaire ! Et avec quelle brièveté passaient ces longues et joyeuses soirées ! »

A son tour une voiture sera changée en vaisseau. Rappelons-nous les délicieuses parties de jeu de

Victor Hugo avec son frère et de petits camarades !
En quittant les Feuillantines, Mme Hugo était allée
demeurer rue du Cherche-Midi. « La maison avait
une cour, et la cour une remise, dans laquelle il y
avait la voiture du général Lucotte. Cette voiture
devint un navire dont les uns furent les passagers et
les autres les flots. La moitié se mettait dedans et
l'autre moitié se mettait dessous, et aussitôt le roulis
et le tangage commençaient ; la voiture, secouée
dans tous les sens, craquait et se disloquait ; c'était
ravissant, mais le général Lucotte tenait à la conservation de sa voiture, et il empêcha cette navigation
orageuse en mettant des cadenas aux portières (1). »

L'enfant ne se contente pas de métamorphoser
ainsi les choses, il *anime* ses joujoux : il prête la
vie, un caractère, une personnalité à ses poupées,
à ses chiens de carton, à ses chevaux de bois.
Lorsque, à califourchon sur son *dada* favori, il en
cingle les flancs rigides, il paraît jouir de cet exercice, comme s'il montait un vrai cheval. « A l'âge
de deux ans, écrit une dame à J. Sully, L. commença
à parler de son cheval de bois favori, Dobbin, comme
si c'était une créature vivante : « Le charpentier a pas
« fait Dobbin, disait-il, Dobbin est pas en bois, il a
« de la peau et des os, et Dieu l'a fait. » Si quelqu'un
employait, en parlant de son cheval, le pronom *it*
(cela) réservé aux objets inanimés, il se mettait
immédiatement dans une violente colère et criait

(1) *Victor Hugo raconté par un témoin de sa vie*, chap. XXIV.

avec indignation : « *It*, vous ne devez pas dire *it*, « vous devez dire *he* (il). » Il s'imaginait que le cheval était doué de toutes les vertus, et rien d'étrange comme de voir l'influence que cette création de sa propre imagination exerçait sur lui. Si L. refusait énergiquement de faire une chose, sa mère n'avait qu'à lui dire : « Dobbin voudrait que tu le fasses, » et il obéissait sans murmurer. »

L'imagination à cet âge est d'ailleurs si puissante qu'il arrivera à un enfant de jouer, sans nul recours à un machinisme extérieur, avec des jouets purement fictifs : témoin celui, dont parle Mme Necker de Saussure, qui se divertissait à nourrir avec des graines imaginaires, des oiseaux de basse-cour, imaginaires aussi ; il demandait qu'on laissât ouverte la porte de la chambre où il les tenait ; et si par hasard on la fermait, il se prenait aussitôt à pleurer : *On empêchait de sortir ses pauvres canards et ses pauvres poules.*

Nous savons déjà que l'enfant qui joue un rôle sort, en quelque façon, de lui-même, pour incarner le personnage qu'il représente : « Vers quatre ans, dit M. Egger en parlant de son fils, Félix joue au cocher ; pendant ce temps Émile rentre à la maison. Pour m'annoncer son frère, Félix ne dit pas : « Émile est rentré », il m'annonce « le frère du cocher. »

Parfois même, dans ses fantaisies imaginatives, l'enfant perd la conscience de sa nature humaine et mordille, par exemple, les brindilles des buissons, croyant qu'il est un cheval; ou bien il se figure être un loup, un ours, un éléphant, ou tout autre animal dont il s'applique d'ailleurs à reproduire aussi fidèlement que possible les mouvements et la voix (1) : « Je vais dire, raconte Loti, le jeu qui nous amusa le plus, Antoinette et moi, pendant deux délicieux étés. Voici : au début, on était des chenilles; on se traînait par terre, péniblement, sur le ventre et sur les genoux, cherchant des feuilles pour manger. Puis bientôt on se figurait qu'un invincible sommeil vous engourdissait les sens, et on allait se coucher dans quelque recoin sous des branches, la tête recouverte de son tablier blanc : on était devenu des cocons, des chrysalides.

« Cet état durait plus ou moins longtemps, et nous entrions si bien dans notre rôle d'insecte en métamorphose, qu'une oreille indiscrète eût pu saisir des phrases de ce genre, échangées entre nous sur

(1) A Hall et à Allin, qui, dans leur *Psychology of Tickling, Laughing*, etc., objectent à Groos que cette transformation imaginaire des enfants en animaux ne s'explique pas dans sa théorie du jeu préparation aux tâches de la vie, le psychologue allemand (*Die Spiele der Menschen*, pp. 388-389) répond que la tendance à passer de l'imitation de l'homme à celle des autres êtres est si naturelle qu'elle n'exige pas une explication spéciale. Si pourtant, dit-il, on cherche cette explication, elle est facile à donner de mon point de vue; il n'est rien, en effet, qui ait été plus utile à l'homme primitif que la connaissance minutieuse des mœurs des animaux, et cette connaissance lui était procurée d'une façon bien plus exacte par l'imitation de jeu que par une observation ou une audition passives.

un ton de conviction complète : Penses-tu que tu
t'envoleras bientôt ? — Oh ! je sens que ça ne sera
pas long cette fois ; dans mes épaules, déjà... ça se
déplie... (Ça, naturellement, c'étaient les ailes).

« Enfin, on se réveillait ; on s'étirait, en prenant de s
poses et sans plus rien se dire, comme pénétré du
grand phénomène de la transformation finale...
Puis, tout à coup, on commençait des courses
folles, — très légères, en petits souliers minces toujours ; à deux mains on tenait les coins de son tablier
de bébé, qu'on agitait tout le temps en manière
d'ailes ; on courait, on courait, se poursuivant, se
fuyant, se croisant en courbes brusques et fantas-
ques ; on allait sentir de près toutes les fleurs, imi-
tant le continuel empressement des phalènes ; et on
imitait leur bourdonnement aussi, en faisant : « Hou
ou ou !... » la bouche à demi fermée et les joues
bien gonflées d'air (1). »

(1) *Le Roman d'un enfant*, pp. 64-65. — Au cours de ses aventures, si joliment contées par Paul et Victor Margueritte,
le petit *Poum*, condamné, en punition de ses dislocations et
déclanchements de tète, à porter durant quelques heures
un collier de chien, entre, plus qu'on ne l'eût souhaité, dans
son rôle. « Puisqu'il porte un collier de chien, n'est-il pas
chien ? Oui, il se sent devenir chien, il voudrait laper une
écuelle de soupe, se coucher en rond, se gratter les puces,
courir aux lièvres, aboyer : — Ouap ! Ouap !... Etre chien
est très amusant. Il se poste près de la grille, aboie sourdement à des passants imaginaires. Mais les chiens sont
attachés, les chiens de garde. Poum fouille dans ses poches,
en tire un bout de ficelle dont les bouts l'attachent du collier à un arbre. — Quand ses parents, s'étant mis à sa re-

Il arrive encore à l'enfant de mettre en action ses histoires favorites et de simuler le personnage dont les exploits l'ont séduit, de jouer, par exemple, le rôle de Robinson Crusoé, de Bas-de-Cuir, ou de tout autre héros, fictif ou réel, voire du petit Poucet ou du Chat botté. G. Sand dit, parlant de ses jeux avec ses petites camarades : « L'une de nous était la mère des autres ou le général, car l'impression militaire du dehors pénétrait forcément jusque dans notre nid, et plus d'une fois j'ai fait l'empereur, j'ai commandé sur le champ de bataille (1). » — « J'ai été, raconte Dickens, pendant plus de huit jours Tom Jones (un Tom Jones d'enfant, la plus innocente des créatures). Pendant un grand mois, je me suis cru un Roderick Random (2). »

Ce besoin de réaliser les images éveillées en son esprit le porte à exprimer sous une forme vivante, pour ainsi dire, les récits qui l'ont charmé. « Un enfant de cinq ans, auquel on avait raconté l'histoire

cherche, le découvrent au fond du jardin, Poum, parfaitement heureux, accroupi, gratte la terre ; il fait un grand trou avec ses pattes de devant, tandis qu'il rejette vivement la terre avec celles de derrière ! De temps à autre, il pousse un petit aboiement plaintif et il remue les babines comme un vrai chien. » Le père de Poum lui ôte le collier, « tandis que la maman recule, épouvantée, devant cet être fangeux, hérissé, qui, surpris en plein rêve éveillé, ne sait s'il doit rester chien ou redevenir petit garçon. » (Voy. dans *Poum*, le chapitre intitulé *Le Collier de chien.*)

(1) *Ouvr. cité*, 2e partie, XI.
(2) *David Copperfield*, chap. IV.

de quatre hommes allant au-devant d'un train pour l'arrêter avant qu'il arrivât à un pont en feu, se mit immédiatement à représenter l'incident avec un train en miniature (1). »

Au lieu de classer les jeux d'après leur origine plus spéciale, on peut, avons-nous dit, envisager de préférence *leur fonction proprement éducative.* « Les jeux, a écrit Uffelmann (2), fortifient le corps, développent l'esprit, procurent des images nouvelles, aiguisent les facultés d'observation et la puissance de combinaison, et exercent, au surplus, une grande influence sur le caractère, en tant que source de contentement et de plaisir. » Tel est le point de vue où se sont placés Fræbel et ses disciples pour traiter des jeux des enfants. Le principal caractère de l'institution du *Kindergarten* ou jardin d'enfants est, en effet, l'usage que l'on y fait du jeu. « C'est en jouant, dit à ce sujet le docteur Elie Pécaut, que l'enfant fait le premier essai de ses forces intellectuelles, qu'il se forme l'œil et la main, qu'il apprend à nommer et à imiter les formes et les couleurs. C'est par le maniement de toutes sortes de petits engins spéciaux, solides en bois, brins de paille, petits bâtons, papiers quadrillés pour le dessin, le pliage, le découpage, balles et boules de couleur, enfin c'est par des travaux qui sont des jeux véritables que l'enfant fait l'éducation de ses sens, qu'en même temps il exerce

(1) Sully, *ouv. cité*, p. 83.
(2) *Hygiène des Kindes* (Hygiène de l'enfance), pp. 356-357.

son initiative et sa faculté d'invention, et acquiert l'instinct de l'harmonie, de l'ordre, de la régularité (1). »

Considérés quant à cette utilité pratique, les jeux des enfants se ramènent, croyons-nous, à six classes principales, ainsi que nous l'avons indiqué plus haut.

Il faut placer en première ligne les *jeux de mouvement*, qui répondent à un profond besoin d'activité physique et ont tous pour but d'exercer les membres, de développer et de fortifier les muscles de l'enfant.

Quelques-uns de ces jeux, vraiment naturels, lui sont communs avec les unes ou les autres de nombreuses espèces animales : tels les jeux de Course, de Saut en largeur, en profondeur ou en hauteur, de Balancement, de Danses, de Lutte, de Cache-cache, de Glissades, de Grimpées, de Natation. Mais ces jeux mêmes, grâce à la diversité des imitations d'abord, grâce aussi à l'imagination enfantine, ne laissent pas de se manifester sous des aspects très variés. « Un des premiers plaisirs que j'ai goûtés, raconte Châteaubriand dans ses *Mémoires d'Outre-Tombe*, était de lutter contre les orages, de me jouer avec les vagues qui se retiraient devant moi, ou couraient après moi sur la rive. » — « L'élégance de Mme Lucotte, nous dit l'auteur de *Victor Hugo raconté* (chap. XIV), n'était pas revenue d'Espagne sans une prodigieuse quantité de malles et de boîtes qui encombraient la remise et qui étaient une

(1) *Dictionnaire de pédagogie*, 1ʳᵉ partie, art. *Jeu*.

invitation pressante à la construction d'une forte-
resse; on en bâtit une très ressemblante, avec tours,
bastions et plate-forme; toutes les caisses y entrè-
rent, entières ou dépecées; alors les assauts de la
niche aux lapins passèrent à l'état de jeux d'enfants.
Ce fut une guerre véritable; on escaladait, on dégrin-
golait, on se blessait aux échardes du bois, on avait
les mains pleines de sang, les clous déchiraient les
pantalons et la peau, on s'amusait fameusement!
Mais les mères grondent toujours! » et la remise fut
fermée. « La cour n'existait plus, on monta au grenier. Le charme du grenier était dans le fourrage
des chevaux du général Lucotte. C'est déjà par soi-
même un des grands bonheurs de la vie de se rouler
sur les bottes de foin, de s'y battre, d'y enfoncer ses
adversaires, d'y être plongé soi-même; mais le grenier avait un autre mérite que son foin, il avait un
rebord extérieur, une sorte de balcon sans rampe,
qui donna lieu à un jeu très joli : on grimpait sur le
toit, et il n'y avait que les lâches qui refusassent de
sauter sur le rebord. Les mères, qui décidément sont
impossibles, ne comprirent pas encore la beauté de
ce saut; sous prétexte qu'un élan mal calculé pouvait jeter les sauteurs hors du rebord et leur faire
briser le crâne sur les pavés de la cour, elles se
fâchèrent sévèrement et condamnèrent le grenier
comme la voiture et la remise. »

. Dans cet ordre de jeux rentrent encore les jeux
classiques connus, pour ne citer que les plus répandus,

sous les noms de Barres, Balle au camp, Boules ou Pelotes de neige, Quilles, Cerceau, Cerf-volant, Saut-de-mouton, Bascule.

Ces exercices spontanés, *à cause du plaisir qu'ils procurent* à l'enfant qui s'y livre, sont autrement efficaces pour l'augmentation de sa vigueur générale que « les désagréables efforts musculaires qui constituent la gymnastique ». « De même, écrit Spencer, qu'il est certain qu'une promenade à la campagne, à travers un beau paysage, est plus fortifiante qu'un nombre égal de pas en tous sens dans une salle, ainsi il est certain que l'activité musculaire d'un jeu, accompagné de la réjouissance ordinaire, fortifie plus que la même quantité d'activité musculaire sous forme de gymnastique. » Et le grand philosophe anglais cite l'opinion d'un professeur de développement physique de New-York, qui proclame que « les systèmes actuels d'entraînement athlétique ne sont pas seulement vicieux en principe, mais tendent à détruire l'organisme, à abréger la vie et font généralement plus de mal que de bien. Les athlètes meurent habituellement jeunes, ou sont loin d'être aussi vigoureux à quarante-cinq ou cinquante ans que l'homme qui a rigoureusement négligé toute espèce d'entraînement et peut-être même d'exercice... » « On suppose, ajoute Spencer, que certaines séries de muscles peuvent se développer grandement, sans mettre à contribution l'organisme en général et lui nuire. Mais, quand on se rappelle que les organes alimentaires n'ont qu'une capacité limitée et que le sang qu'ils fournissent doit servir à tous les besoins, on comprendra que vous ne pouvez développer grandement certaines grandes parties externes, sans entamer sensiblement les réserves nécessaires pour la réparation et le développement d'autres parties externes, et aussi de ces parties internes qui entretiennent la vie; et que, par conséquent, les forces anormales acquises par les gymnastes doivent être acquises aux dépens de la détérioration de leur constitution... Ce dont l'homme d'aujourd'hui a le plus besoin, ce n'est pas d'exercices athlétiques dans un gymnase, mais d'air frais en abondance dans ses poumons. Au lieu d'une quantité d'exercices violents qui le laissent affaibli plusieurs heures après, il a besoin d'apprendre à respirer régulièrement, à se tenir droit et à s'asseoir droit... La puissance des membres, qui résulte de l'activité journalière de l'enfance, est tout à fait suffisante comme préparation aux éventualités de la vie (1). » — Mais, outre qu'elle risque d'épuiser l'organisme, la gymnastique est encore inférieure au jeu, en ce qu'elle n'est pas un délassement pour l'esprit. « La fatigue étant

(1) Voy. H. Spencer, *Faits et Commentaires*, pp. 252-257. — Cf. dans *La Revue* (numéro du 1er juin 1904) un article du docteur F. Regnault (*Du choix des exercices physiques*), où il est prouvé « qu'en excitant l'enfant à rivaliser avec les acrobates, on risque à la fois d'entraver sa croissance et de le voûter », et où il est conclu que « le *Jeu* est la véritable gymnastique naturelle ».

un phénomène cérébral, dit le docteur Maurice de Fleury (*Le Corps et l'Ame de l'enfant*, pp. 24-25, 29), il faut multiplier ceux d'entre les exercices physiques qui se font avec la moelle épinière, c'est-à-dire automatiquement, aux dépens de ceux qui se font avec le cerveau et qui exigent une inter-vention constante de la volonté. La gymnastique athlétique, aux anneaux, à la barre fixe, aux barres parallèles, exige constamment l'effort de la volonté; elle a, d'ailleurs, l'inconvénient de ne développer que certains muscles des bras et du horax, et de n'avoir que très peu d'influence sur 'activité de la respiration et de la circulation; il faut donc la bannir et la remplacer par la gymnas-tique hygiénique (*telle la gymnastique suédoise*), toute de mouvements qui n'exigent point de tension d'esprit, mais qui assouplissent le corps, activent toutes les fonctions de l'organisme et accélèrent la nutrition... La marche et la course constituent la manière d'activité physique la plus simple, la moins fatigante et la plus heureuse, au point de vue de l'ample fonctionnement des plus divers organes et de l'activité de la nutrition. »

C'est avec intention que, parmi les jeux de mou-vement, nous avons omis le *football*, bien que ce soit un sport aujourd'hui très en vogue, parce que, outre les accidents assez fréquents dont il est l'occa-sion, on lui reproche, non sans raison, d'habituer les jeunes gens aux gestes rudes, aux mouvements brutaux, lesquels, dans la société, auront souvent comme conséquence le sans-gêne, sinon la brusquerie des manières.

Quant aux filles, « il faudrait remettre en honneur non pas le saut à la corde, que plus d'un spécialiste (le docteur Lévy notamment) accuse de mille maux, mais le joli volant, les « grâces », le crocket, le tennis. Il faudrait même — seule une mode pourrait vaincre le respect humain — en revenir aux danses en plein air, aux rondes eurythmiques, aux pas chantés et marchés à la fois, qui jadis contribuèrent, pour une part indiscutable, à rendre belles et de démarche noble les filles de l'Hellas, les jeunes Grecques, qui n'étaient pas neurasthéniques (1). »

Les jeux servant à l'*éducation des sens* sont ceux qui présentent l'avantage de donner de l'adresse, qui permettent notamment de faire acquérir à la main ne certaine dextérité, de contracter la justesse du coup d'œil en habituant à apprécier les distances.

On peut regarder comme tels les mouvements par lesquels l'enfant s'assure tout d'abord la maîtrise sur ses divers organes, puis sur les objets extérieurs : par exemple, étendre et contracter ses membres, tâter, saisir, exercer sa voix, produire des bruit variés, déchirer, pousser, ramasser et laisser choir. « L'exercice des sens, dit M. Compayré, les premiers mouvements des jambes et des bras, les premières émissions de voix peuvent devenir, pour le petit enfant,

(1) Docteur Maurice de Fleury, *ouvr. cité*, pp. 30-31.

des occasions de divertissement et de jeu. Il joue dans son berceau, quand il peut déjà toucher de ses mains les fleurs brillantes de sa couverture ou de son rideau ; dans son bain, quand il fait clapoter l'eau avec ses doigts ; sur un tapis, quand il remue ses membres et se livre à une gymnastique effrénée. Son caquetage, son gazouillement est aussi un jeu en un sens : l'enfant s'amuse lui-même de son ramage inintelligible. Les bruits le divertissent particulièrement : un grelot, le tintement de son hochet, un sifflet, tout cela lui fait plaisir et détermine des cris de joie (1). » Mais cela contribue en même temps à son éducation.

Nous avons vu quels engins variés Frœbel veut que l'on mette entre les mains des enfants un peu plus âgés, afin de dresser leurs sens. La balle est un des principaux. Dans le « Jardin », on exerce l'enfant à la balancer en mesure, à la changer de main, à la faire rouler vers un camarade, à la rattraper quand celui-ci la renvoie. On l'y instruit aussi à construire des maisons avec des cubes de bois, à tresser des brins de jonc et de paille, des rubans, à plier des papiers diversement colorés. Quelques-uns des jeux auxquels les enfants se livrent dans leurs récréations ont une semblable utilité : nous citerons les Jonchets, les jeux de Patience, de Billes, de Colin-Maillard (2),

---

(1) *Ouv. cité*, p. 271. — Cf. Groos, *Die Spiele der Menschen*, pp. 1-90.

(2) S'il faut en croire Kant, le goût des enfants pour ce

le Découpage, le Bilboquet, la Toupie, les Osselets, le Volant, la Marelle.

Tout en contribuant à l'éducation des sens, les jeux propres à *développer l'intelligence* ont l'avantage de satisfaire l'instinct de curiosité de l'enfant, d'être aussi une école de l'esprit d'observation et du jugement.

L'enfant éprouve un impérieux besoin de connaître. Le jeu, en lui permettant *d'expérimenter*, suivant l'expression de Preyer, lui donne déjà quelques vagues notions sur la nature des choses. « On sait très bien, dit le docteur Sikorski (*loc. cit.*, p. 413), que l'enfant saisit divers objets, les contemple, les touche, les pèse dans ses mains, les explore à différents points de vue, mais il est surprenant de le voir montrer, dès l'âge le plus tendre, un certain intérêt instinctif à l'analyse abstraite des objets, à l'étude de leurs propriétés. Cela est d'autant plus frappant qu'un pareil penchant au raisonnement abstrait n'est exigé par aucune nécessité immédiate. Il est évident que ce sont des productions innées de l'organisation névro-psychique, qui apparaissent avec cette même régularité rigoureuse que se développent les mouvements coordonnés des yeux pour voir et des pieds pour marcher. Lorsque vous donnez à un enfant de six mois une feuille de papier blanc, c'est tantôt le poids insignifiant de cet objet qui l'intéresse, tantôt

jeu s'expliquerait par le désir qu'ils ont de savoir comment ils pourraient s'aider, s'ils étaient privés du sens de la vue.

c'est le frôlement du papier qui le divertit, et il frappe alternativement tantôt sur le papier, tantôt sur la table, en comparant la différence des sons ; et, lorsqu'il est absorbé par cette différence, il ne pense plus aux autres propriétés physiques du joujou, par exemple à son poids. Si vous mettez l'enfant au bain et que vous laissiez des joujoux à sa disposition, vous vous persuadez facilement que sa manière de se divertir n'est plus celle que vous avez observée quelques minutes auparavant : l'enfant essaie de faire plonger les objets flottants et, par contre, de faire nager les objets lourds ; il étudie en un mot les propriétés hydrostatiques de ses joujoux, et c'est cette idée seule qui l'intéresse dans ce moment. » — Le physiologiste russe ajoute (p. 416) : « La nécessité pour l'enfant de la connaissance des objets qui l'entourent, de leur force, de leur poids, de leur résistance, de leur élasticité et de leurs autres propriétés suppose la nécessité d'un grand nombre de modèles et de leur incessante investigation. Cela explique l'immense variété dans les objets servant de joujoux et dans les genres de divertissement. Les jeux sont aussi divers que la pensée humaine elle-même. » — « Les enfants, constate J.-P. Richter dans son *Levana*, ont beaucoup de plaisir à retourner et soulever des objets, à mettre des clés dans des serrures, à ouvrir et fermer des portes, et à placer des objets les uns dans les autres. » — Taine (1) a observé

(1) Voy. *De l'Intelligence*, t. I : De l'acquisition du langage par les enfants, p. 360.

une enfant qui, à l'âge d'un an, passait sa journée à tâter, palper, retourner, à faire tomber, à goûter, à expérimenter ce qui tombait sous sa main ; quel que fût l'objet, balle, poupée, hochet, jouet, une fois qu'il était suffisamment connu, elle le laissait, il n'était plus nouveau, elle n'avait plus rien à apprendre, il ne l'intéressait plus.

C'est au même désir de se rendre compte qu'obéissent les enfants quand ils éventrent leurs polichinelles. « A l'aide de quels ressorts mystérieux la paupière d'une poupée ferme les yeux, comment bêle le mouton mécanique, par quel moyen roule le cheval, l'enfant a soif de le savoir ; c'est pourquoi, depuis le commencement de l'humanité, il a toujours cassé ses jouets, enrichissant, sans s'en douter, nos vitrines des musées antiques de petites poupées d'argile sans bras ni jambes » (1).

En même temps se développe chez l'enfant l'esprit d'observation. Dans le *Kindergarten* les jeux sont, pour cette fin, la mise en scène de quelque événement de la vie de tous les jours ; il faut d'abord avoir observé, puis on imite : ce sont les mouvements du paysan, semant, moissonnant, battant le blé ; c'est

(1) Champfleury, *Les Enfants*, p. 226. On sait que les Romains notamment ensevelissaient les enfants morts avec leurs jouets, coutume dans laquelle ils furent imités par les premiers chrétiens ; de là vient que, dans les tombeaux des martyrs, près de Rome, on a souvent trouvé, avec des ossements d'enfants, de petites figures, ainsi que des grelots et autres joujoux.

le train s'ébranlant avec ses nombreux wagons ; ce
sont les oiseaux qui s'envolent du nid et qui revien-
nent ; c'est la roue du moulin que l'eau fait tourner.
L'institutrice insiste sur l'imitation exécute des mouvements, provoque des remarques et des comparaisons : elle n'a pas souci seulement du développement
corporel, mais du développement intellectuel. L'étude
et le jeu deviennent ainsi une même chose, « une
discrète et douce sollicitation » (1).

Est-il besoin de rappeler que certains jeux, d'ailleurs
pleins d'attrait pour nombre d'enfants, sont propres
entre tous à aiguiser l'esprit, à exercer sa sagacité,

(1) Voy. le *Dictionnaire de Pédagogie*, 1ʳᵉ partie, art. *Jardin
d'enfants.* — « Le pouvoir d'observation rapide et complète,
se demande H. Spencer, ne pourrait-il être accru chez les
enfants par des moyens assez semblables à des jeux ?
Supposons un tableau noir, en avant duquel on peut tirer
avec une vitesse variable un rideau en toile noire, contenant une ouverture carrée à travers laquelle on peut voir
un moment des marques sur le tableau, quand l'ouverture
passe devant. Le démonstrateur pourrait commencer, par
exemple, par trois grandes taches faite irrégulièrement sur
le tableau, tandis qu'il tournerait le dos à sa classe de façon
à les cacher. Puis, ayant tiré sur ces taches la partie opa-
que du rideau, il fait, quand ses élèves sont prêts, jouer
celui-ci en arrière à l'aide d'un ressort, de sorte que ces
taches deviennent visibles, par exemple pour une seconde
ou deux ; et, en suite de ceci, les élèves placent des points
sur leur ardoise, autant que possible dans les mêmes positions relatives : les comparaisons montreront bien vite qui
s'est le plus approché de l'original. Les positions relatives
des taches, peuvent naturellement être variées de diverses
façons, et leur nombre peut être accru par un point à la fois
jusqu'à quatre, cinq, six. Puis on peut prendre trois lignes

ses facultés d'attention et d'invention (1), savoir : les Charades, les Charades en action, les Devinettes et les Énigmes(2), les Dominos, les Dames, les Échecs.

Le jeu paraît être un excellent moyen de *culture de la sensibilité*. Il développe d'abord l'*instinct social* ou *altruiste*. Sans doute l'enfant peut jouer et, de fait, il joue fréquemment seul. Mais combien sont plus variés et plus entraînants les jeux auxquels il a la faculté de se livrer quand des camarades se joignent à lui. Aussi est-il porté à rechercher la compagnie d'autres enfants. Et ainsi, comme dit Jean-Paul, « le premier lien de la société est tressé avec des chaînes

inégales, dissemblables en longueur, en direction et en position relative, et produire ensuite des complications analogues. De là on peut passer à des figures : par exemple, un triangle, un cercle, et une ligne droite, diversement placés par rapport les uns aux autres ; et en continuant ainsi, à travers des combinaisons plus élevées : la durée de l'exposé diminue à mesure que s'accroît le pouvoir de rapide perception. Plus utiles, cependant, parce que plus intéressants, sont les exercices de cette nature offerts par des jeux domestiques, — quelques-uns à l'usage des enfants, d'autres à l'usage des jeunes gens. Il y a des jeux de cartes où le succès dépend de voir prestement l'endroit juste où placer une carte, tous les yeux étant tournés vers chaque joueur tour à tour, pour découvrir instantanément une erreur quelconque de distribution... » (*Faits et Commentaires,* pp. 22-23).

(1) Consult. les *Récréations intellectuelles*, de Harquevaux et Pelletier et les *Jeux et Exercices des jeunes filles*, de Mme de Chabreul.

(2) Les énigmes, aujourd'hui « bonnes à amuser les enfants », occupent, suivant Tylor, une grande place dans l'histoire des idées des races sauvages supérieures. Voy. *La Civilisation primitive*, t. I, p. 105.

de fleurs (1). » Par là même, le jeu n'est pas seulement *socialisateur*, il aide à faire naître et s'épanouir les sentiments *sympathiques*, affectueux, lesquels par la suite se convertissent souvent en amitiés véritables.

Il est du reste un jouet qui, à lui seul, tient lieu de société à l'enfant et répond particulièrement à son besoin d'aimer : c'est la poupée. Nous en verrons la raison au chapitre suivant. Constatons simplement ici que telle est la force de l'inclination qui pousse les enfants à chérir leurs poupées qu'à défaut d'un objet ayant forme humaine, ils en arrivent à adopter un objet grossier, dénué de tout charme. Mme Burnett raconte qu'elle a vu un jour, dans une des rues les plus immondes de Londres, un sale bambin assis sur un pas de porte et serrant tendrement dans ses bras une botte de foin attachée au milieu par une corde. Les enfants solitaires et imaginatifs vont jusqu'à se créer des compagnons mythiques. Une dame allemande a déclaré à Sully que, lorsqu'elle était enfant, elle avait inventé une espèce *d'alter ego*, une autre petite fille plutôt plus âgée qu'elle, appelée Krofa. Cette Krofa était son inséparable compagne de jeux. La petite héroïne de M. Canton soignait une invisible petite fille dont elle semblait pouvoir projeter l'image dans l'espace (2).

L'exercice de la volonté fait aussi partie des jeux

(1) Cf. Groos, *Die Spiele der Menschen*, 1ʳᵉ partie, chap. II, § 4, et 2ᵉ partie, 5.

(2) Voy. les *Études sur l'enfance*, pp. 56 et 63.

des enfants. Les deux premières catégories de jeux, celles que nous avons indiquées comme propres à fortifier les muscles et à assurer la maîtrise des organes, contribuent déjà, d'une manière indirecte, au développement de la volonté, considérée comme *pouvoir d'impulsion*, comme principe moteur; mais il existe, en outre, une gymnastique spéciale de la volonté, comme *pouvoir d'arrêt* ou d'inhibition, comme principe répressif des mouvements. « En observant les jeux enfantins, on arrive à cette conviction que plusieurs actions des enfants ont exclusivement pour but l'exercice de la faculté inhibitoire de la volonté, ou l'arrêt du mouvement existant. C'est ce que montrent, par exemple, diverses poses immobiles que l'enfant prend devant la glace, et où celle-ci lui sert à contrôler son immobilité. La brusquerie avec laquelle il met fin à tous ses mouvements, en prenant une pose immobile, prouve qu'il s'agit précisément ici d'intérêts et de problèmes de suppression (1)... —

(1) Groos (*Die Spiele der Menschen*, pp. 211 et suiv.) signale comme propres à fortifier ce pouvoir d'inhibition un certain nombre de jeux qui constituent de vrais exercices de répression des mouvements réflexes, instinctifs ou habituels. Tels sont les jeux où l'enfant s'efforce d'empêcher les paupières de se clore devant la menace d'un coup sur l'œil; — les jeux de répression du rire ; — de répression de la douleur: tâcher, par exemple, d'être impassible lors des pertes subies aux jeux de hasard ; dans les luttes de poing contre poing ou de main plate contre main plate ne s'arrêter que le plus tard possible malgré la douleur ressentie. Entre autres jeux aptes à réprimer l'instinct d'imitation est le jeu bien connu de *Pigeon vole*. Enfin, comme moyen de ré-

Il y a aussi un grand intérêt théorique à observer ces actions et divertissements, où il ne s'agit évidemment pas de la coordination des mouvements, ni de la résolution de quelques problèmes concrets moteurs, mais exclusivement d'une simple tension générale des muscles, tension en même temps très considérable, et de l'apparition de la force brute. On sait que les enfants aiment à remuer, à transporter des objets lourds ; on connaît le plaisir que leur procure la participation avec les adultes au transport des meubles et des objets pesants. Les impulsions de la volonté, dirigées du côté de cette force grossière, où l'on n'a besoin ni d'une coordination subtile, ni d'un changement de tension, plaisent beaucoup aux enfants. Ces mouvements sont certainement plus développés chez les garçons que chez les filles. Dans la plus tendre enfance, à l'âge d'un à deux ans, ils servent de premier degré dans la transition des mouvements impulsifs, c'est-à-dire non coordonnés, aux mouvements combinés, dépendant de la volonté. Ils

sister aux habitudes prises, rien de mieux approprié que certains exercices de langage consistant à intervertir ou à supprimer dans une lecture ou dans un chant diverses syllabes des mots. — Ce dernier cas présente quelque chose d'analogue, mais en sens contraire, à ces amusements par lesquels nos enfants s'appliquent à prononcer très rapidement et très distinctement des suites de syllabes assez semblables, qu'il faut éviter de confondre. Ainsi : Ton ton, ton thé t'a-t-il ôté ta toux ? — ou : Combien ces six saucissons-ci ! six sous ! six sous ci ! six sous çà ! six sous, ces six saucissons-ci ! Six sous, ces six saucissons-là ? — ou encore : Didon dîna, dit-on, du dos d'un dodu dindon.

sont très utiles, en ce sens qu'ils constituent un des stades du développement de la volonté. »

Le développement et l'exercice de *l'attention* forment un côté important de la culture de la volonté. Or « il est très intéressant de noter que chez les enfants l'exercice de l'attention se fait à l'aide des jeux. On remarque cet exercice comme élément le plus saillant dans toutes les opérations intellectuelles de l'enfant, dans toutes ses occupations et ses divertissements. Il apparaît comme un travail intellectuel auxiliaire, qui complique et modifie le caractère des jeux. Ainsi l'un des passe-temps favoris de l'enfant, c'est la répétition multipliée de la même action (action de frapper, d'ouvrir et de fermer, etc.). Preyer raconte que son enfant soulevait soixante-dix-neuf fois de suite le couvercle d'une cruche, sans se reposer un seul instant. Les enfants appliquent à de pareilles occupations une tension extrême de l'attention et une observation évidente. L'enfant de Preyer avait l'air de se demander dans le cas cité *comment se produisait le son* (1). »

Il est enfin des jeux qui sont particulièrement propres à éveiller chez l'enfant *le sentiment esthétique* et que l'on peut pour cette raison appeler *jeux artistiques*. Nous ne ferons que les mentionner, nous proposant d'y revenir ailleurs. C'est d'abord le jeu *pittoresque* et le jeu *épique*, qui consistent, le premier, à regarder des images, le second à écouter des contes;

(1) Sikorski, *loc. cit.*, pp. 536, 537 et 545.

puis, le jeu *architectonique*, qui consiste à superposer des morceaux de bois ou des briques, à faire des assemblages, de petites constructions avec de la neige ou des pierres. Un de mes divertissements d'enfance, dit Châteaubriand, « était de construire, avec l'arène de la plage, des monuments, que mes camarades appelaient des *fours* ». Notons encore le jeu d'imitation *plastique*, qui consiste à dessiner ou à modeler des hommes, des animaux, des fruits, un objet quelconque, — le jeu *pictural*, qui est le coloriage, — et enfin les jeux *dramatiques*, les plus importants de tous, à cause de la part plus grande qui y revient à la création. Ce sont ceux où l'enfant, à la fois auteur et acteur, invente de vrais petits drames dans lesquels il donne des rôles à des personnages imaginaires. A treize mois, le fils de Tiedemann prenait des tiges de chou et leur faisait représenter des personnes qui se visitent. Une petite fille de cinq ans, très intelligente, s'amusait des journées entières, dans l'embrasure d'une fenêtre, qu'entourait un demi-cercle de chaises ; elle était dans un château, dont ses poupées étaient les habitants. Un enfant de vingt mois, qui a l'habitude de rencontrer un autre bébé et sa bonne dans le jardin du Luxembourg, « nous quitte, dit M. Egger (*ouv. cité*, p. 12), en prononçant tant bien que mal les trois noms du Luxembourg, de la bonne, de l'enfant. Il va dans la pièce voisine, fait semblant de dire bonjour à ces deux personnages, puis revient raconter avec la

même simplicité ce qu'il vient de faire. Évidemment,
rien dans la pièce ne lui rappelle le Luxembourg ni
ses habitués. C'est donc là ce que j'appellerai un
acte d'imagination dramatique, c'est le drame dans
son germe élémentaire. »

CHAPITRE IV

LE JEU DE LA POUPÉE

Universalité du jeu de la poupée. — Historique. — Causes de la popularité de la poupée. — 1. Elle *donne satisfaction à l'instinct de maternité.* — Nature de l'illusion dont elle est l'objet ; — témoignages divers. — 2. Elle satisfait aussi *l'instinct d'imitation* ; — exemple. — 3. Elle satisfait enfin le *désir de jouer le rôle de cause.* Cas principaux : 1° l'enfant transforme sa poupée en un autre lui-même ; — 2° il en fait sa compagne de jeu : les poupées de la reine Victoria ; — 3° il prend plaisir à l'amuser ; — exemples divers. — Le sentiment de la peur, contraire au jeu ; — exemple. — Nécessité d'un choix en fait de poupées.

Si nous avons jusqu'à présent négligé de parler de la poupée, et si nous nous sommes contenté d'y faire quelques rapides allusions, c'est que ce jeu nous a paru mériter une étude spéciale à cause de la place tout exceptionnelle qu'il occupe dans la vie enfantine. Il n'en est pas d'aussi répandu ni de plus ancien ; on le trouve dans tous les pays et dans toutes les races humaines (1) ; et il paraît être de

(1) On conserve au Musée Campana, au Louvre, des poupées gréco-romaines en terre cuite, quelques-unes articulées avec des fils de fer. Au *Musée pédagogique*, rue Gay-

tous les jeux celui où se manifeste avec le plus de force la tendance enfantine à animer les choses. Simple assemblage de pièces de bois, de carton, de porcelaine ou de cire, la poupée devient une personne, ayant son caractère propre, son nom, sa situation sociale. Fait curieux d'ailleurs, ce n'est pas seulement pour l'enfant qu'elle *existe*, mais encore pour l'homme de la nature. Elle est, en effet, au rapport de sir John Lubbock, un joujou aimé des sauvages, qui la considèrent comme une sorte de fétiche.

Le nom sous lequel on la désigne a exercé la sagacité des étymologistes. « Il y a des savants qui vous diront, écrit Charles Nodier, que les poupées furent inventées à l'occasion de Poppée, femme de Néron, qui avait la détestable habitude de se farder, et ce n'était pas là, malheureusement, le plus grand de ses défauts. Mais Marcus Terentius Varron,

Lussac, a été réunie, par les soins de Mlle Kœnig, une collection de trois cents poupées, venues de tous les points du monde où l'on parle français, et habillées à la mode de chaque province et de chaque pays par les élèves de nos écoles normales ainsi que par des fillettes arabes, annamites, indoues, polynésiennes, etc. Les plus remarquables d'entre elles ont figuré à l'Exposition des jouets de 1904, où elles, voisinaient avec une collection rétrospective de *pupazzi* italiens, chinois, japonais, javanais, prêtée par M. Arthur Maury. — « Le vieux Musée de Berlin, dit Groos (*Die Spiele der Menschen*, p. 402), possède une poupée de bois trouvée en Égypte, dont la partie inférieure des jambes es- mobile... J'ai moi-même entre les mains, ajoute ce psychologue, une poupée en bois, provenant de l'Inde, où elle servait à la fois de divinité tutélaire et de jouet. »

dont je suis enchanté de leur faire faire la connaissance, et qui écrivait cent ans avant la naissance de Poppée, prend la peine de parler des poupées comme d'une chose qui était loin d'être nouvelle, et il les appelle *pupæ*, ce qui est, en bonne prononciation latine, un véritable homonyme.

« D'autres savants, qui avaient lu Varron, et qui étaient par conséquent plus savants que les premiers, prétendent au contraire que Poppée avait pris son nom des poupées, dont la mode courait de son temps ; mais Tacite n'a pas dédaigné de leur apprendre, au livre XIII des *Annales*, que Poppée s'était nommée Poppée en mémoire de son aïeul Poppæus Sabinus, personnage consulaire illustré par les honneurs du triomphe. Or il est assez dificile de trouver le moindre rapport entre une poupée quelconque et un personnage consulaire.

« Les règles de la traduction étymologique ne permettent pas, d'ailleurs, que *pupa* vienne de *Poppæa*, ni Poppæa de pupa. »

La vérité est que les Romains donnaient aux petites filles le nom de *pupa* (diminutif *pupula* et *pupilla*, d'où le mot français *pupille*, dans ses deux acceptions : *fille mineure* et *pupille de l'œil*, ainsi appelée à cause de la petite figure qu'on voit se refléter dans la prunelle). Par extension, le nom a passé au jouet dont elles s'amusaient et qui leur ressemblait en quelque manière. On lit dans Perse (sat. II, v. 70) qu'une fois nubiles les jeunes Romaines allaient suspendre leurs poupées aux autels de Vénus, déclarant par là qu'elles renonçaient aux jeux de l'enfance.

Plusieurs causes contribuent à assurer la popularité de ce joujou. Il satisfait d'abord chez la petite fille à la fois l'instinct de maternité et l'instinct d'imitation ; il satisfait aussi le besoin de jouer le rôle de cause, qui est l'agrément suprême du jeu, le désir de manifester sa puissance, d'exercer la domination.

Nous allons examiner le jeu de la poupée à ces divers points de vue.

Un fait remarquable et que nous avons relevé déjà, c'est qu'un objet, même informe, comme une pierre, une fourchette, un morceau de pain, peut servir de poupée aux petites filles (1), tant est grand leur besoin d'aimer : elles l'habillent, le nourrissent, le

(1) Constatant combien est vraiment étonnante cette faculté qu'a l'enfant de s'illusionner, Groos (*Die Spiele der Menschen*, p. 401), écrit : « Non seulement un coussin, un bâton, une planchette, un parapluie, un martinet, un petit banc, un mouchoir, une pantoufle, une fourchette, enfin presque tout ce qu'on peut tenir dans les bras se change en un bébé tendrement aimé et soigné avec sollicitude, mais chaque particularité de l'objet est adaptée avec une rapidité prodigieuse à cette vie apparente de l'objet. Ainsi, à peine la petite Marie G. avait-elle fait choix, pour enfant, d'un thermomètre, qu'elle montrait du doigt le cordon qui servait à le suspendre et faisait remarquer à chacun *les belles tresses*. » — Il est à noter d'ailleurs, qu'en grandissant les fillettes deviennent plus exigeantes : à dix ans elles ne joueront plus avec un tire-botte, mais demanderont une vraie poupée, avec des cheveux véritables.

mettent au lit, l'élèvent avec le plus grand dévouement. Sully parle d'une fillette de quatre à cinq ans qui transformait en bébé sa balle en caoutchouc mou : elle l'embrassait, lui donnait à manger, lavait sa figure, lui mettait son tablier. Il y a là satisfaction des sentiments les plus profonds de la petite fille, ainsi que l'a admirablement exprimé Victor Hugo : « Comme les oiseaux font un nid avec tout, dit-il, les enfants font une poupée avec n'importe quoi. Pendant qu'Éponine et Azelma emmaillottaient le chat, Cosette, de son côté, avait emmaillotté le sabre. Cela fait, elle l'avait couché sur ses bras, et elle chantait doucement pour l'endormir.

« La poupée est un des plus impérieux besoins et en même temps un des plus charmants instincts de l'enfance féminine. Soigner, vêtir, parer, habiller, déshabiller, rhabiller, enseigner, un peu gronder, bercer, dorloter, endormir, se figurer que quelque chose est quelqu'un, tout l'avenir de la femme est là. Tout en rêvant et tout en jouant, tout en faisant de petits trousseaux et de petites layettes, tout en cousant de petites robes, de petits corsages et de petites brassières, l'enfant devient jeune fille, la jeune fille devient grande fille, la grande fille devient femme. Le premier enfant continue la dernière poupée.

« Une petite fille sans poupée est à peu près aussi malheureuse et tout à fait aussi impossible qu'une femme sans enfants (1). »

(1) *Les Misérables,* 2ᵉ partie. liv. III, chap. VIII.

Pour bien comprendre ce culte, cette superstition de la poupée, pour s'expliquer la confiance absolue, l'amour inébranlable que l'enfant éprouve à son égard, il serait nécessaire de pénétrer la nature de l'illusion à laquelle elle prête. L'enfant croit-il à sa réalité ? Là-dessus les témoignages ne concordent pas. Ainsi G. Sand prétend n'avoir jamais été dupe d'une semblable illusion. « Le sentiment que les petites filles éprouvent pour leur poupée, nous dit-elle (1), est véritablement assez bizarre, et je l'ai ressenti si vivement et si longtemps que, sans l'expliquer, je puis aisément le définir. Il n'est aucun moment de leur enfance où elles se trompent entièrement sur le genre d'existence de cet être inerte qu'on leur met entre les mains et qui doit développer en elles le sentiment de la maternité, pour ainsi dire avec la vie. Du moins, quant à moi, je ne me souviens pas d'avoir jamais cru que ma poupée fût un être animé ; pourtant j'ai ressenti pour certaines de celles que j'ai possédées une véritable affection maternelle... Je ne me rendais pas bien compte de ce que c'était que cette affection, et je crois que, si j'eusse pu l'analyser, j'y aurais trouvé quelque chose d'analogue, relativement, à ce que les catholiques fervents éprouvent en face de certaines images de dévotion. Ils savent que l'image n'est pas l'objet même de leur adoration, et pourtant ils se prosternent devant l'image, ils la parent, ils l'encensent, ils lui font des offrandes...

(1) *Histoire de ma vie*, 2ᵉ partie, XII.

Il en est ainsi des enfants en général. Ils sont entre le réel et l'impossible. »

George Sand reconnaît d'ailleurs qu'il y eut certaines poupées qu'elle soigna comme de vrais enfants. S'il arrivait qu'une poupée fût solide et bien faite, raconte-t-elle, « si ses yeux d'émail avaient une espèce de regard dans mon imagination, elle devenait ma fille, je lui rendais des soins infinis et je la faisais respecter des autres enfants avec une jalousie incroyable ».

Les lignes suivantes du même écrivain renferment un aveu encore plus explicite : « Je ne crois pas avoir eu de chagrin en me séparant de ma sœur, qui restait en pension, et de ma cousine Clotilde... Je ne regrettai pas non plus l'appartement... Ce qui me serra véritablement le cœur pendant les premiers moments du voyage, ce fut la nécessité de laisser ma poupée dans cet appartement désert, *où elle devait s'ennuyer si fort.* »

Aussi, malgré ces hésitations de G. Sand, la sincérité de l'illusion chez les petites filles, au moins durant les premières années, paraît-elle établie par la vivacité des sentiments qu'elles éprouvent à l'égard de leur jouet de prédilection. Telle est l'opinion de Sully : « L'ardente imagination du petit enfant, écrit-il (*ouv. cité*, p. 63), attribue à l'objet de bois mort quelque chose de sa vie et de sa chaleur de cœur ; il semble que sa foi dans la réalité de l'existence de sa poupée et son dévouement pour elle augmentent à mesure que ses premiers charmes factices, les roses de son teint et de ses lèvres, son nez bien formé, ses vêtements élégants, se fanent ou se déforment prématurément et que le charmant joujou qui, peu de temps auparavant, attirait les regards envieux des petits enfants à la devanture du magasin, est réduit à sa plus simple expression. La fidélité de nos petits à leurs poupées lorsqu'elles ont perdu tous leurs charmes extérieurs et sont descendues au rang le plus bas du royaume des poupées, est un des traits les plus exquis et les plus amusants du caractère de l'enfance. »

Mme Necker de Saussure interprète dans le même sens les vraies larmes que répandent les petites filles sur les malheurs supposés de ces pauvres poupées : « Dans l'enfance, dit-elle, un sentiment sincère et profond peut souvent se joindre à l'illusion, et l'affection des petites filles pour leurs poupées est parfois quelque chose de touchant. A cet âge de quatre ans, où le prestige d'ordinaire commence à se dissiper, un enfant laisse tomber sa poupée chérie, qui malheureusement se casse le nez. Cris affreux, désespoir terrible, qui redouble lorsqu'un imprudent de père, ne prenant pas la chose assez au sérieux, moitié riant, moitié cherchant à raccommoder le pauvre visage, enfonce le reste du nez malade dans une énorme cavité. Alors, un chagrin mêlé de colère rend l'état de l'enfant si violent, qu'on en vient à craindre les convulsions ; on la calme comme on peut, on emporte la poupée en promettant de la guérir, et enfin on réussit à endormir la petite fille, accablée de fatigue. Pendant son sommeil, on court chez les gens du métier. Un beau visage neuf est substitué très adroitement à l'ancien visage, et l'on s'attend qu'à son réveil la jeune fille sera satisfaite ; pas du tout ; sa douleur, aussi vive que jamais, a pris un caractère tendre et déchirant. Ce n'est plus une petite furie, c'est une vraie mère à laquelle on va présenter un autre enfant au lieu du sien. Les sanglots lui coupent la parole : « Oh ! ce n'est plus, ce n'est plus ma poupée… Je la reconnaissais encore, et je ne la reconnais plus.. Croit-on que jamais j'aime cette autre ?… Emportez-la, je ne veux plus la voir. »

« Une petite fille, dit-elle encore, à laquelle on s'était vu obligé de couper la jambe, avait subi toute l'opération sans proférer une seule plainte, en serrant étroitement sa poupée dans ses bras. « Je m'en vais à présent couper la jambe à votre poupée », lui dit le chirurgien en riant quand il eut achevé l'amputation ; la pauvre enfant, qui avait tant souffert sans dire mot, à ce propos cruel fondit en larmes (1). »

L'impression que produisait sur Sophie Kova-

______

(1) *Ouv. cité*, liv. III, ch. V. — Lorsque Mme de Maintenon n'était encore qu'une petite fille, le feu prit un jour à l'habitation de Mme d'Aubigné, sa mère. Celle-ci, voyant l'enfant pleurer à chaudes larmes, lui fit une vive réprimande. « Faut-il, lui dit-elle, que je vous voie pleurer pour la perte d'une maison ! — C'est bien une maison que je pleure ! répondit la fillette ; c'est ma poupée. »

lewska la vue d'une poupée brisée suppose bien aussi la vive imagination de douleurs ressenties par un être réel : « La vue d'une poupée cassée m'épouvantait, raconte-t-elle dans ses *Souvenirs d'enfance* (pp. 14-15) ; Niania (sa bonne) devait ramasser ma poupée quand je la laissais tomber, pour me dire si elle était intacte et, dans le cas contraire, l'emporter bien vite. Je vois encore le jour où Aniouta (sa sœur), m'ayant trouvée seule, s'amusa pour me taquiner à me mettre de force sous les yeux une poupée de cire, dont l'œil noir pendait hors de l'orbite : je fus prise de convulsions. »

On pourrait enfin trouver une nouvelle preuve de la croyance de l'enfant à la vie de sa poupée dans ce fait que, si d'ordinaire celle-ci est traitée avec beaucoup de douceur, il y a des moments, au contraire, où elle est grondée et quelquefois sérieusement battue ; dans ce fait encore que l'enfant se comporte à son égard comme on en use avec lui : « Qu'est-ce qu'une poupée, s'il vous plaît ? s'écriait Hippolyte Rigault. Ce n'est pas une chose ni un objet ; c'est une personne, c'est l'enfant de l'enfant. Celui-ci lui prête par l'imagination la vie, le mouvement, l'action, la responsabilité. Il la gouverne comme il est gouverné lui-même par ses parents ; il la punit ou la récompense, l'embrasse, l'exile ou l'emprisonne selon que la poupée a bien ou mal agi ; il lui impose la discipline qu'il subit ; il partage avec elle l'éducation qu'il reçoit (1). »

(1) *Conversations littéraires et morales*, p. 5.

Mais la satisfaction que donne la poupée aux instincts de maternité et d'imitation est loin d'être l'unique source du plaisir extrême que la petite fille prend à ce jeu. La joie d'avoir une compagne qui se prête à tous ses caprices, à toutes ses fantaisies, qu'elle domine et à qui elle commande, qu'elle peut attifer, soigner, diriger à sa façon, compagne toujours présente, toujours prête, et ainsi d'autant plus agréable qu'elle est plus complaisante et plus docile, voilà une raison non moins importante du charme que l'enfant trouve à sa poupée. Et s'il emploie comme telle un objet même informe, c'est qu'il n'éprouve pas moins le besoin de créer que le besoin d'aimer.

« L'enfant veut créer sans cesse. C'est une création qu'un trou en terre. De cette même terre, qui sort du trou et qu'il tasse avec ses mains, l'enfant élève des montagnes qui lui paraissent d'une hauteur incalculable : un tas de poussière représente des architectures féeriques. C'est le même mirage qu'exerce la poupée d'un sou qu'il faut faire belle. Cette petite créature qui n'a en partage que ses yeux bleus, sa placidité, ses joues roses et un sourire éternel sur ses lèvres de cerise, quelle imagination il faut pour l'habiller d'un chiffon d'indienne qui sera la robe, d'une rognure de tulle qui sera le fichu (1) ! »

C'est dans les petits drames qu'il invente, transfigurant la réalité, animant ce qui l'entoure, que l'enfant exerce le plus manifestement son pouvoir créa-

(1) Champfleury, *Ouv. cité,* p. 154.

teur. La raison en est qu'il y est à la fois auteur et acteur. Or, de tous ces drames, le plus remarquable est celui de la poupée : « Il se joue, remarque Ch. Nodier, entre deux personnages dont l'un est nécessairement passif et dont l'autre, qui est, comme vous savez, une petite fille, remplit un office très compliqué. Celle-ci est auteur, — elle est acteur à deux voix, — elle est spectateur et juge. Le drame de la poupée est la seule comédie composée par un des personnages de l'action où le poète ait sacrifié son rôle naturel à celui de son interlocuteur. La poupée est négligente, insubordonnée, opiniâtre, bavarde ; c'est la petite fille. La petite fille est grave, austère, absolue, quelquefois inexorable ; c'est d'elle que relève la moralité de la pièce. »

Les rapports continus de l'enfant avec sa poupée, en lui fournissant incessamment l'occasion d'agir, de se dépenser, lui permettent déjà d'affirmer sa personnalité, chose si agréable, si flatteuse pour son amour-propre. Mais il va plus loin dans cette voie. Il fait de sa poupée une extension de son propre être, il la transforme en un autre lui-même (1).

Cette disposition à la confondre avec sa propre

(1) Suivant Rousseau (*Émile*, livre V), c'est à elle-même que songe déjà la petite fille, quand, cherchant continuellement de nouvelles combinaisons d'ornements bien ou mal assortis, elle ajuste sa poupée. « Mais, direz-vous, elle pare sa poupée et non sa personne. Sans doute ; elle voit sa poupée et ne se voit pas, elle ne peut rien faire pour elle-même, elle n'est pas formée, elle n'a ni talent ni force,

individualité se manifeste de diverses façons bien curieuses. « Laura Bridgeman (1), une enfant déjà d'un certain âge, mettait un bandeau semblable au sien sur les yeux de sa poupée. Ce fait rappelle le cas d'une fillette de six ans qui, pendant sa convalescence de la rougeole, fut surprise occupée à peindre sur chacune de ses poupées des taches d'un rouge vif. Il semble que l'enfant, dans sa tendresse pour sa poupée, se dise : « Il faut qu'elle soit comme moi et fasse tout ce que je fais. » Ce sentiment d'étroite union se fortifie encore de celui de possession exclusive ; il sent qu'il est le seul qui connaisse véritablement sa poupée et puisse l'entendre crier, etc. L'enfant manifeste encore cette intimité et cette solidarité lorsqu'il insiste pour que sa poupée soit traitée par les autres avec autant d'égards que lui (2). » Ainsi, quand sa mère vient l'embrasser une dernière fois avant qu'il ne s'endorme, il veut qu'elle donne aussi un baiser et dise le bonsoir à la poupée qui est couchée auprès de lui.

Souvent il en agit avec elle comme avec une véritable compagne ; il l'associe à ses jeux, à ses rêves. Mme Burnett raconte qu'assise dans un fauteuil avec sa poupée dans les bras, elle naviguait à tra-

elle n'est rien encore, elle est toute dans sa poupée, elle y met toute sa coquetterie. Elle ne l'y laissera pas toujours, elle attend le moment d'être sa poupée elle-même. »

(1) Voy. *L'Imagination et ses variétés chez l'enfant*, pp. 86-89.

(2) Sully, *ouv. cité*, p. 62.

Queyrat. — *Les Jeux des Enfants.*   9

vers des mers enchantées, vers des îles merveilleuses où il lui arrivait toutes sortes d'aventures émouvantes. Lui prenait-il fantaisie d'être un chef indien, la poupée se résignait facilement à être la *squaw*.

Si l'enfant a plusieurs poupées, autour de la favorite gravitent toutes les autres, qui deviennent ses frères, ses sœurs, ses parents, ses amis, ses bonnes ; il fait remplir à chacune une fonction spéciale dans ses jeux dramatiques. D'autres fois, ce petit monde, métamorphosé, lui représentera les héros imaginaires de ses contes préférés, ou même des personnages historiques. La reine Victoria a conté, dans un *Magazine*, l'histoire de ses cent trente-deux poupées, qui furent les meilleures amies de sa « triste enfance ». Agée de huit à dix ans et ne prévoyant pas sa grandeur future, elle habitait avec sa mère le palais délabré de Kensington, où elle s'ennuyait comme une princesse de légende. « Lasse de jouer seule, elle se créa une famille, des compagnes, des sujettes, un peuple de petites créatures au nez camard, aux joues vermillonnées, aux sourcils formés d'un gros trait de peinture noire. Habillées par ses soins, baptisées par son caprice, les poupées de Victoria représentaient des héros de Walter Scott, des personnages célèbres de l'histoire d'Angleterre, des amis, des serviteurs de la maison royale. Il y avait une miss Pool et une lady Brighton, un maître de danse, une vachère de Balmoral, la Suissesse Ernestine, et un grand nombre de danseuses et d'actrices, la Taglioni, Sylvie Leconte, Célestine, étoiles éteintes aujourd'hui, qui brillaient alors dans les ballets, dans l'*Anneau magique*, la *Bayadère*, la *Sleeping Beauty*, et la fameuse *Sylphide* (1). »

Dans son désir de jouer un rôle, de dominer ou de protéger, l'enfant s'emploie même parfois à amuser sa poupée. « Un garçonnet de deux ans et demi demanda un jour à sa mère : « Veux-tu me donner tous mes livres d'images pour les montrer à ma poupée ? Je ne sais pas lequel elle préférera. » Il indiqua du doigt chacun l'un après l'autre et regarda la figure de la poupée pour avoir une réponse. Il fit comme si elle en avait choisi un et lui montra gravement les images en disant : « Regarde, petite ! », et en les lui expliquant avec soin (2). »

Il est évident que l'enfant, comme l'adulte d'ailleurs, ne *joue* qu'autant que sa sécurité personnelle n'est pas intéressée, qu'autant qu'il possède sa liberté d'esprit. Tout ce qui est capable de déterminer en lui un sentiment de crainte ou de répulsion rendra par suite le jeu impossible. Aussi n'est-il pas étonnant que l'enfant, capable de transformer en poupée un simple morceau de bois, parce qu'ici l'imagination n'a rien qui la gêne, qui l'empêche de créer à sa guise, soit, au contraire, saisi de peur à la vue de poupées à l'air étrange et bizarre. Sully (3)

(1) Marcelle Tinayre, *Au pays des jouets* (*Revue de Paris*, 1ᵉʳ janvier 1902).
(2) Sully, *ouv. cité*, pp. 61-62.
(3) *Ouv. cité*, p. 281.

rapporte qu'une petite fille d'un peu plus de six ans se montra si effrayée d'une poupée japonaise, qu'on fut obligé de mettre celle-ci dans une autre chambre. Une autre enfant fut terrifiée à la vue d'une vilaine poupée négresse aux cheveux laineux, aux yeux à fleur de tête et aux lèvres rouges.

Bien plus, il suffira de produire, chez une poupée qui lui est même familière, des mouvements inusités, pour que l'enfant tremble comme s'il redoutait qu'elle ne se jette sur lui et ne le blesse. Mme Necker de Saussure l'a remarqué : « Faites danser, dit-elle, une poupée un peu grande devant un enfant de deux ans, il sera dans la joie tant que le mouvement que vous imprimerez sera doux ; mais si les sauts de la figure sont élevés, si les bras s'agitent avec violence, peut-être rira-t-il plus fort ; mais il se serrera contre sa mère, sa rougeur ou sa pâleur inusitée trahira son état intérieur (1). »

Plus âgé, l'enfant n'éprouve pas ces sentiments de crainte. George Sand nous raconte qu'elle trouva un matin sur son lit (elle avait alors huit ans environ) une poupée, cadeau de sa grand'mère. « C'était une petite négresse, qui avait l'air de rire aux éclats et qui montrait ses dents blanches et ses yeux brillants au milieu de sa figure noire. Elle était ronde et bien faite, elle avait une robe de crêpe rose bordée d'une frange d'argent... Je pris, dit-elle, la petite créature dans mes bras, son joli rire provoqua le mien, et je

(1) *Ouv. cité,* livre III, chap. V.

l'embrassai comme une jeune mère embrasse son nouveau-né (1). »

Quoi qu'il en soit, ne fût-ce que pour des raisons d'esthétique, ainsi que le voulait H. Rigault (2), peut-être est-il bon de « proscrire à jamais ces nourrices enluminées et lippues qui offrent aux yeux des enfants des contrefaçons repoussantes de la Vénus hottentote. Il faut condamner à la déportation et transporter bien vite à Libéria ces épouvantables babys noirs qui, sous le nom d'oncles Tom, seraient capables d'inspirer la négrophobie à des fils d'abolitionnistes. »

Mais ceci nous amène à parler des jouets qu'il importe de mettre entre les mains des enfants.

(1) *Ouv. cité*, 3ᵉ partie, chap. I.
(2) *Conversations littéraires et morales*, p. 6.

CONCLUSION

LES JOUETS D'ENFANTS

Le concours de jouets. — Diverses sortes de jouets. — Jeux
de hasard. — Jouets moralisateurs. — Jouets historiques.
— Leurs dangers. — Jouets scientifiques et instructifs ; —
utilité et inconvénients. — Le système de M. Thomas
Gradgrind. — Les automates ; — leur peu d'intérèt pour
l'enfant. — Que les jouets les plus amusants sont les jouets
les plus simples. — Pas trop de jouets à la fois. — Raisons
qu'il y a de proscrire : 1° les jouets difformes ; — 2° les
jouets luxueux. — Instruire l'enfant à fabriquer ses jouets;
— Exemple : joujoux en bouchons. — Nécessité de respecter dans les jeux la spontanéité des enfants. — Utilité
du jeu pour discerner les aptitudes et le caractère des
enfants. — En quels cas l'intervention des adultes est
requise. — Paresse des enfants à jouer. — Comment y
remédier.

En vue de lutter contre l'invasion des jouets étrangers et de réveiller le zèle de l'industrie du jouet à
bon marché, qui semblait depuis quelques années
sommeiller chez nous, M. Lépine, préfet de police,
a eu en 1901 l'idée d'instituer un concours entre les
ouvriers inventeurs de petits jouets à bas prix. A ce
concours, 350 concurrents environ se sont présentés
avec plus de 700 modèles différents qui ont été expo-

sés dans le hall du Tribunal de commerce. La Chambre syndicale des fabricants de jouets s'était jointe à cette manifestation et avait aussi envoyé à l'exposition toute une série de jouets.

Pour nous rendre compte de la nature des joujoux par lesquels on se propose aujourd'hui de distraire l'enfance, il ne sera pas inutile de faire une mention rapide des principaux d'entre eux. Laissant de côté les parures en fausse écaille, les manchons et les boas en fausse martre, les chaînes-sautoirs, les bracelets, les montres, et toute la banale « quincaillerie » du jour de l'an, nous ne nous occuperons que des jouets proprement dits.

Et d'abord, du côté réservé à la Chambre syndicale, à côté des *mobiliers* en faux acajou et des *ballons de cuir*, d'une *Épicerie* et d'une *Maison en bois* démontable, d'un jeu de patience instructif, la *Terre en morceaux*, et de l'*Aiglon*, on remarquait surtout la curieuse exposition rétrospective des *automates* de M. Fernand Martin : le *Bateau-hélice* (1877), le *Moulin* (1878), la *Balançoire mécanique avec un singe en peluche* (1880), les *Forgerons infatigables* (1883), la *Locomotive routière* (1884), les *Courageux scieurs de long* (1885), le *Fauteuil roulant* (1889), et quelques sujets plus récents : les *Sentinelles franco-russes*, les *Boers*, le *Chinois*, le *Sergent de ville*, la *Marchande d'oranges*, le *Vieux marcheur*.

Du côté réservé au petit ouvrier indépendant, on constatait une recherche plus grande de la nouveauté.

Signalons un *Wagon Decauville*, la *Modiste parisienne*, un *Avertisseur d'incendie*, un *Santos-Dumont*, un petit *Sous-marin* ; des *Régates*, propres à remplacer la roulette et les petits chevaux ; un *petit Ramoneur* ; une *Cheminée à tirage renversé* ; un *Bateau à volant* ; des *Bateaux à réaction* ; de minuscules *Moteurs à vapeur* et *Moteurs électriques*, actionnant, par des transmissions et des engrenages, d'autres mécanismes, tels que des manèges, des chevaux de bois, un rémouleur ; une *Escopette à confettis* ; un *Canon surprise* ; une *Souris* articulée ; *Monsieur Chopinard* ; *l'Alcoolique entre la famille et la société* (1).

Le succès de ce premier concours de jouets ayant engagé les petits fabricants et inventeurs français à se constituer en une société, celle-ci a organisé en 1902 une exposition très complète aux Champs Élysées dans les locaux et dépendances du Jardin de Paris. Si l'on y retrouvait toujours les automates, les tirs, les chemins de fer, les tramways, les ballons dirigeables, on rencontrait aussi un certain nombre de modèles nouveaux, notamment un petit *Tricycle léger*, un *petit Pianiste* et un *Clown* (deux automates

(1) Voyez pour la description des jouets présentés à ce concours de 1901, *Au pays des jouets*, par Marcelle Tinayre, dans la *Revue de Paris*, livraison du 1er janvier 1902. — Cf. sur le même concours et sur les deux suivants *La Nature*, numéros du 7 décembre 1901, du 1er novembre 1902 et du 3 octobre 1903, où l'on trouvera en même temps la reproduction d'un certain nombre des jouets exposés.

à bon marché), un *Cerceau démontable*, une *Machine à confettis*, le *Clown au chapeau*, un *Moulin à vent* (qui marche sans vent), la *Boule merveilleuse*, une *Mitrailleuse*, la *Magicienne*, un *Billard* avec canon (jeu d'adresse), le *joyeux Buveur*, le *Jeu des Sylphides* (application de l'électricité statique) ; une petite *Voiture sableuse*.

C'est dans les sous-sols du Petit Palais, aux Champs Élysées, qu'a eu lieu en 1903 l'exposition des jouets(1). Les constructeurs ont, cette année, employé l'air comprimé pour beaucoup de leurs inventions, un assez grand nombre de mouvements étant obtenus par la pression sur une poire en caoutchouc. Notons parmi les plus ingénieuses de ces applications, un *Tramway*, un petit *Canon*, un *Ballon dirigeable*, un *Lanceur de billes*, un *Marteau pilon*, des *Danseurs de cake-walk*. L'ancien moteur mécanique avec ressort a fourni de nouveaux automates : le *petit Marin*, l'*Empereur du Sahara*, danseurs, les *Duellistes*, et autres sujets comiques. L'électricité a trouvé aussi son emploi dans une *Voiturette automobile*. Signalons enfin une *Cible filet*, un *Cheval mécanique coureur*, des bicyclettes en bois, les *Perles savantes* (application de l'électricité statique), des *Boucleurs*

______

(1) Et aussi l'Exposition de 1904, qui ne s'est guère distinguée des précédentes : les mêmes inventeurs y ont figuré avec des inventions à peu près semblables. L'actualité avait inspiré une *Question russo-japonaise,* des *Manœuvres de l'artillerie russe,* le *Torpillage de cuirassés.*

de boucle, plus ou moins compliqués et de diverses dimensions.

Si nous joignons à cette énumération des plus intéressants parmi les jouets exposés, la mention de quelques-uns de ceux qui sont portés sur les catalogues des grands magasins, tels que lanternes électriques de poche, petits appareils de photographie, boîtes de physique et de chimie, petites imprimeries, cubes historiques, gramophones, cinématographes, nous aurons une idée suffisante des articles nouveaux présentés au choix des parents.

Jouets d'actualité, jouets historiques, jouets moralisateurs, jeux de hasard, jouets d'adresse, jouets scientifiques et instructifs, jouets automatiques, il y en a, comme on voit, pour tous les goûts. Mais certains d'entre eux ne laissent pas d'avoir des inconvénients.

L'inclination des hommes pour les *jeux de hasard* apparaît de fort bonne heure. On voit les bambins, avant même que ne soit achevée leur cinquième année, se passionner pour le loto (il a été créé à leur intention des lotos en images) ou pour le jeu de l'oie. Dès l'âge de six ans parfois, ils se livrent entre camarades à des jeux où, à défaut d'argent, ils misent des billes, des plumes, des épingles. Un tel penchant doit être combattu plutôt qu'encouragé, et les premiers jouets à proscrire sont les petites loteries, les jeux de course ou petits chevaux et tous jeux similaires.

Il ne faudrait pas tomber néanmoins dans l'excès opposé, et avoir recours pour l'éducation des enfants à des *jouets moralisateurs*. Ces derniers, outre le défaut d'être ridicules, risquent fort de produire un effet contraire à celui que l'on attend. L'enfant, qui cherche à s'amuser, agacé de rencontrer une leçon, de retrouver la morale partout, serait capable de mal faire, rien que pour changer d'air.

A leur tour, les *jouets historiques* peuvent être une source d'idées fausses, de préjugés tenaces, et ils risquent d'exercer une fâcheuse influence sur l'esprit de nos enfants. « La guerre et la mort, écrit Mme Marcelle Tinayre à propos des jouets inspirés par la guerre du Transvaal, la guerre et la mort sont choses graves, qui ne prêtent point à rire ou à « faire joujou ». Les libres penseurs, qui ont sans cesse à la bouche les mots d'Humanité et de Fraternité, les chrétiens qui admirent la parole de Jésus : « Celui qui frappe avec l'épée périra par l'épée », devraient interdire à leurs enfants ces jouets et ces jeux de petits sauvages... Ruskin (1) souhaitait que, dans la cité future, les philanthropes fussent vêtus d'or et de pourpre et les soldats de noir, « comme le bourreau » : les gamins, cédant au prestige éternel de l'uniforme, ne voudraient plus jouer « au général », ils joueraient « au philanthrope ». Mais l'enfant est volontiers destructeur ; il aime la bataille et la conquête. Le jouet

(1) Le grand esthéticien anglais du dix-neuvième siècle (1819-1900).

militaire a pour lui plus de prestige que le jouet « moralisateur » ; qu'il ne soit pas, du moins, démoralisateur à sa manière, qu'il ne calomnie jamais, nulle part, le courage — surtout le courage malheureux (1). »

On ne saurait faire aux *jouets instructifs* le même reproche qu'aux jouets historiques. Nombre d'entre eux sont d'intéressantes applications de la mécanique et de la physique, et l'idée est bonne assurément de vouloir par le jeu initier les enfants aux découvertes les plus récentes de la science. On peut alléguer, non sans raison, qu'on leur donne ainsi, sous prétexte de plaisir, des connaissances multiples qui les préparent pour l'avenir ; qu'il y a là un excellent moyen de prévoir plus tôt la carrière qu'ils suivront, et même que ces premières curiosités satisfaites décident parfois d'une vocation. Tout cela est vrai, mais à la condition de rester dans une juste mesure, de prendre garde que le jouet instructif est une *leçon* pour l'enfant, et non un vrai joujou, puisqu'il ne se prête en rien à la création et à l'illusion, par suite, de ne pas sacrifier l'agréable à l'utile, de ne pas supprimer toutes les fantaisies imaginatives pour les remplacer par une simple réduction de la réalité sérieuse. Mme Marcelle Tinayre dit tenir de M. Henri Conti, qui a été le professeur de littérature de la tzarine Alexandra, que la grande-duchesse de Hesse proscrivait de la *nursery* et de la salle de récréation tous

(1) *Loc. cit.*, p. 218.

les « colifichets » et jusqu'à l'innocente poupée. Mais si l'impératrice de Russie n'a jamais bercé une poupée dans ses bras, les « jouets instructifs », petits télégraphes, petits téléphones, jeux géographiques, arithmétiques, mnémotechniques, ont réjoui son enfance.

Cette méthode d'éducation fait songer au système de M. Thomas Gradgrind. M. Gradgrind, « l'homme des faits, l'homme des réalités et des calculs », était l'ennemi personnel de l'imagination. Il y avait cinq jeunes Gradgrind et pas un qui ne fût un modèle. Leur père les avait nourris dans le respect du fait. « Nul petit Gradgrind n'avait jamais vu un visage dans la lune. Chaque petit Gradgrind avait, dès l'âge de cinq ans, disséqué la grande Ourse, comme un professeur de l'Observatoire. Nul petit Gradgrind n'avait jamais songé à établir aucun rapport entre les vraies vaches des prairies et la fameuse vache aux cornes ratatinées qui fit sauter le chien qui tourmentait le chat qui tuait les rats qui mangeaient l'ogre, ou cette autre vache encore plus fameuse qui avala Tom Pouce. Toutes les vaches qu'on leur avait présentées n'étaient que des quadrupèdes herbivores, ruminants, à plusieurs estomacs. »

Les petits Gradgrind n'avaient ni poupées, ni pantins, ni ménageries en bois. « Ils possédaient une petite collection conchyliogique, une petite collection métallurgique et une petite collection minéralogique. Tous les spécimens en étaient rangés par ordre de famille et étiquetés. Et leur salle d'étude, malgré ces collections et les bibliothèques, et les instruments de physique, et les tableaux de statistiques, avait plutôt l'air d'un salon de coiffeur pour la coupe des cheveux (1). »

Le résultat de cette éducation des Gradgrind, de parti pris destructrice de toute imagination et de tout sentiment, fut, comme on sait, déplorable. Mais, encore qu'ils soient disposés à se garder d'une semblable exagération, que les parents trop pratiques sachent bien que les jouets instructifs ne procurent pas à l'intelligence de leurs enfants tous les avantages espérés.

« Je ne veux pas, remarque excellemment Mme Marcelle Tinayre, nier le mérite des petits phonographes, téléphones, stéréoscopes, etc. Les jeux d'aimants, la « Terre en morceaux », les alphabets et même la « Carte de Paris avec les distances », attestent l'ingéniosité et la patience des inventeurs. Mais les ignorants et les enfants ne s'étonnent de rien. Les miracles de l'électricité ne leur semblent point extraordinaires, et pas très intéressants, puisqu'ils sont incompréhensibles... Essayez donc d'expliquer à un bonhomme de cinq ans les merveilles de la photographie, de l'aimantation. Essayez de répondre à ses « pourquoi »... Après quatre ou cinq expériences, quand le « jouet instructif » sera faussé ou brisé, le mioche avouera que le moindre poupard eût mieux fait son affaire. »

(1) Dickens, *Les Temps difficiles*, chap. III et IV.

Pour ce qui est des *automates*, quelque ingénieux qu'en soit le mécanisme, ils peuvent amuser un moment l'enfant qu'ils étonnent, mais ils ne sauraient non plus lui servir vraiment de jouets, parce que plus ils sont perfectionnés, plus ils approchent de la nature, et plus ils font obstacle à son pouvoir d'imaginer, de créer. « L'enfant, dit Ruskin, ne se prend pas de passion pour une souris mécanique qui court sur le plancher ; il s'éprend d'une chose qui ne bouge pas, fût-elle même laide, bien plus, fût-elle absolument insignifiante. » « On a imaginé, dit de son côté H. Rigault, un mécanisme intérieur qui permet aux poupées de parler. Je n'attache pas grand prix à ce tour de force. L'enfant se charge de faire parler la poupée mieux que tous les mécanismes possibles. L'éducation n'a pas besoin des automates de Vaucanson. »

Il n'est pas douteux, d'ailleurs, comme chacun de nous a pu l'observer, que la poupée, trop bien articulée, qui disait même *papa*, *maman*, est, une fois le mécanisme dérangé, plus intéressante pour l'enfant parce qu'alors il s'en sert à sa guise. Ne perdons jamais de vue ce principe que le grand attrait du jeu c'est la *joie d'être cause*, la *joie de la puissance* et du *succès*. L'enfant, proclame justement Michelet, veut *être* et *agir*. « J'ai sous les yeux un nourrisson qui a à peine dix-huit mois, et qui, dès qu'il a pu dresser deux petits morceaux de bois, saisi de bonheur, joint les mains, admire, visiblement se dit en créateur :

« Cela est bien. » Un autre, de deux ans et demi, plus fort dans cette architecture, appelle sa sœur à témoigner de son talent ; il dit : « C'est *petit* qui l'a fait (1). »

Les joujoux qui amusent le plus l'enfant sont ceux où il a le plus à inventer. Étant un imaginatif, « il ne voit dans le jouet que le prétexte et l'accessoire de la comédie qu'il se donne à lui-même. Une vieille charrette est tour à tour locomotive, automobile et chariot. La poupée change de sexe, d'âge, de caractère et de costume, au gré de la petite maman. Du sable, des cailloux, des débris de bois, sont de précieux trésors. L'univers tient dans un carré de jardin, l'océan dans une rigole, la forêt dans un rameau. Le jouet toujours nouveau, toujours divers, que l'enfant peut manier, transformer, perfectionner à sa guise, le jouet le moins coûteux, le plus simple, est presque toujours le plus aimé (2) ».

Les copies trop exactes des choses réelles, écrivait en ce sens Mme Necker de Saussure, subissent le sort de ces choses mêmes qui lassent bientôt. L'enfant les admire, s'en enchante ; « mais son imagination est arrêtée par la forme trop précise de l'objet ; celui-ci ne représente qu'un seul modèle ; et comment se contenter d'un seul amusement ? Un petit soldat, bien équipé, n'est qu'un soldat ; il n'est jamais le père de l'enfant ou tout autre personnage.

(1) *Nos fils*, p. 59.
(2) Marcelle Tinayre, *loc. cit.*, p. 220.

On dirait que le jeune esprit se sent plus d'originalité alors que, inspiré par le moment, il met toutes choses à contribution pour réaliser ses espérances et voit dans tout ce qui l'entoure des instruments de ses plaisirs. Un tabouret renversé est un bateau, un cabriolet ; placé sur ses pieds, c'est un cheval ou une table ; un carton est une maison, une armoire, un chariot, enfin tout ce qu'on veut. Vous devez entrer dans ses vues et, même avant l'âge des joujoux utiles, donner à l'enfant des moyens d'opérer, plutôt que des œuvres tout achevées. Ainsi quelques planches épaisses, en forme de livres, et susceptibles d'être posées les unes sur les autres en différents sens, seront pour lui d'excellents matériaux de construction qui le dispenseront d'en chercher d'autres ; et si ces planches étaient trouées, si l'enfant pouvait les assembler de diverses manières avec des rubans, il se livrerait à son génie. Très jeune encore, on le rend parfaitement heureux en lui donnant à manier du son ou du sable, objets qui sont tour à tour pour lui de l'eau, de la terre, un dîner à préparer, etc. C'est dans ce qui se prête à la fantaisie du moment qu'est la source des plaisirs inépuisables (1). »

(1) *Ouv. cité*, liv. III, chap. V. — Cf. Egger, *ouv. cité*, p. 42 : « Il est très vrai qu'au jouet trop déterminé dans sa forme l'enfant préfère parfois quelque chose de grossier, dont son imagination peut faire ce qu'il lui plaît. » Et Espinas (*Obs. sur un nouveau-né*) : « La bonne exécution des jouets représentant des animaux importe peu et gêne même l'imagination des enfants, dont elle restreint l'essor. Pendant

Puisqu'il en est ainsi, donner à l'enfant des jouets trop proches de la réalité, c'est faire preuve de négligence, sinon d'indifférence, à l'égard de ses amusements. Celui qui a vraiment souci de divertir ses enfants leur fournira moins des jouets que l'occasion de jouer. Ne voyons-nous pas, dans les villes surtout, des bambins avoir des jouets nombreux et chers sans pouvoir seulement les utiliser ? Confinés dans une chambre, s'ils font trop de bruit, s'ils abîment leurs joujoux, ils sont aussitôt grondés. Procurez-leur donc plutôt, quand la saison le permettra, l'espace où ils pourront se livrer à des jeux de leur invention.

Nous n'entendons pas cependant proscrire toute espèce de jouets. Certains ont, en effet, des avantages incontestables. M. Compayré estime même que l'infériorité intellectuelle des enfants de la campagne tient en partie à ce qu'ils n'ont pas de jouets comme les enfants de la ville. Il faut, du reste, tenir compte

deux hivers, un enfant laissé, chaque matin, seul dans une chambre, a tiré des chaises un parti merveilleux pour s'amuser. Il les rangeait en diverses dispositions et elles figuraient pour lui, soit un train de bateaux, soit un train de wagons, soit une voiture attelée. Il fallait voir avec quel sérieux il enfonçait du haut de l'une des chaises sa perche (figurée par une canne) dans l'eau profonde, ou mimait la locomotive, ou fouettait ses chevaux fictifs, son grand fauteuil figurant le siège du cocher et deux chaises plus basses les chevaux. Chaque matin, il passait des heures à cet exercice. Une voiture réelle, attelée d'un beau cheval en carton, l'eût certainement beaucoup moins amusé que ce jeu de chaises, dont son imagination faisait tous les frais... »

en ce cas de la différence des milieux. Mais encore
une fois, ce que nous rejetons, ce sont les jouets
trop finis, trop précis, qui ne laissent pas suffisamment à faire à l'enfant, qui l'empêchent d'inventer
ou le gênent pour imiter, qui restreignent, en un
mot, la possibilité de ses jeux. Plus donc le jouet sera
simple, mieux il vaudra, par la raison qu'il se prê-
tera davantage aux fantaisies de l'enfant, tout en les
suggérant, puisque celui-ci pourra y puiser des idées
pour ses jeux. Poupées et bonshommes, ménageries
et bergeries, petites boutiques et ménages, navires,
chemins de fer et tramways, boîtes de construction,
armoires à linge et berceaux de poupées, brouettes,
chevaux mécaniques ou non, Santos-Dumont, etc.,
qu'on multiplie, tant qu'on voudra, les jouets de
cette nature : l'essentiel est que l'enfant ne soit pas
réduit à la passivité. Quant aux jeux d'adresse et
aux jeux propres à exercer le corps, ils sont de toute
utilité : à ce but répondent bien les tirs, les mas-
sacres, les passe-boules, les jeux de tonneau, le volant, les courriers, les quilles, le cerceau, etc. N'ou-
blions pas non plus que le jeu doit contribuer au
développement intellectuel de l'enfant ; qu'il doit lui
fournir des moyens d'expérimenter et par là de s'instruire ; qu'il faut en conséquence éviter ce qui contribue au changemeut trop fréquent des impressions
et distrait l'attention. L'habitude que l'on a de donner
à la fois aux enfants une trop grande quantité de jouets
et d'encombrer ainsi leurs chambres, d'en faire de

vrais magasins de bimbeloterie, est pour cette raison assez nuisible. Une richesse démesurée d'impressions diverses fait que l'esprit ne sait où se prendre.

L'idéal du jeu, ce serait un divertissement qui associerait à la fois l'activité physique, intellectuelle et morale des enfants. Du moins faut-il éviter tout ce qui peut nuire au développement de l'une ou de l'autre de leurs facultés. « On croit avoir tout fait, disait H. Rigault (1), quand on a inventé des jouets qui les amusent sans blesser leurs mains délicates. Ce n'est pas assez. Les babys eux-mêmes sont des personnages plus avancés qu'on ne croit. Ils ont de l'esprit avant de parler ; leurs yeux perçoivent déjà les formes diverses des objets, même quand ils errent sans paraître capables de se fixer ; leurs oreilles sont déjà sensibles à la différence des sons, même quand ils ont l'air de ne pas reconnaître la voix maternelle. Quel est le premier jouet qu'on met entre leurs mains ? Un hochet. J'en ai vu de charmants en ivoire, en argent, en vermeil, ciselés avec un art exquis ; mais, l'avouerai-je ? Le plus beau hochet me révolte. Je ne me plains pas, comme Addison, qu'en donnant à l'enfant l'habitude du mouvement et de l'agitation, le hochet développe en lui les facultés actives au préjudice des facultés contemplatives. L'homme est né pour agir ; il n'y a pas de mal qu'il s'y accoutume de bonne heure. Mais pourquoi de ce bonhomme en métal, le premier ami de l'enfant, fait-on presque

(1) *Ouv. cité*, pp. 2-3.

toujours un être difforme, bossu par devant et par derrière, avec une bouche qui se fend, un nez qui se recourbe et qui va rejoindre le menton ? La première imitation de la nature qui frappe les yeux de l'enfant, c'est la figure d'un monstre. Il fait connaissance avec l'art par l'entremise du laid. — Ce n'est pas tout. Dans le corps de ce bonhomme cagneux et bossu, on pratique un sifflet aigu dont le son déchire l'ouïe naissante de l'enfant. C'est, dit-on, pour le divertir. Voilà la première idée qu'on lui donne de la musique ! Il débute dans la vie par une fausse note ! Je suis persuadé que, chaque année, l'éducation de l'enfant par un hochet détruit en germe dans notre pays une foule de peintres et de musiciens. »

Un autre inconvénient des jouets monstrueux, inconvénient que nous avons signalé plus haut, est qu'ils peuvent, à un âge où l'on est si impressionnable, provoquer des sentiments de crainte, sinon de terreur, propres à entraîner de funestes conséquences, aussi bien au moral qu'au physique. On avait fait présent à George Sand, âgée d'environ quatre ans, d'un superbe polichinelle, tout brillant d'or et d'écarlate : « J'en eus peur d'abord, dit-elle (*ouv. cité*, 2e partie, XI), surtout à cause de ma poupée, que je chérissais tendrement et que je me figurais en grand danger auprès de ce petit monstre. Je la serrais précieusement dans l'armoire, et je consentis à jouer avec polichinelle ; ses yeux d'émail qui, tournaient dans leurs orbites au moyen d'un ressort,

le plaçaient pour moi dans une sorte de milieu entre
le carton et la vie. Au moment de me coucher, on
voulut le serrer dans l'armoire auprès de la poupée,
mais je ne voulus jamais y consentir, et on céda à
ma fantaisie, qui était de le laisser dormir sur le
poële... étendu sur le dos et regardant le plafond
avec ses yeux vitreux et son méchant rire. Je ne le
voyais plus, mais, dans mon imagination, je le voyais
encore, et je m'endormis très préoccupée du genre
d'existence de ce vilain être qui riait toujours et qui
pouvait me suivre des yeux dans tous les coins de la
chambre. La nuit, je fis un rêve épouvantable : polichinelle s'était levé, sa bosse de devant, revêtue d'un
gilet de paillon rouge, avait pris feu sur le poële, et il
courait partout, poursuivant tantôt moi, tantôt ma poupée qui fuyait éperdue, tandis qu'il nous atteignait par
de longs jets de flamme. Je réveillai ma mère par mes
cris. Ma sœur, qui dormait près de moi, s'avisa de ce
qui me tourmentait et porta le polichinelle dans la
cuisine, en disant que c'était une vilaine poupée pour
une enfant de mon âge. Je ne le revis plus. Mais l'impression imaginaire que j'avais reçue de la brûlure
me resta pendant quelque temps, et, au lieu de jouer
avec le feu comme jusque-là j'en avais eu la passion,
la seule vue du feu me laissa une grande terreur. »
Éprouvant de nouveau, après une soirée passée
en la joyeuse compagnie de bambins réunis autour
d'un *Arbre de Noël,* toutes les sensations de sa
propre enfance, Dickens revoit et décrit avec ravis-

sement les joujoux qui garnissaient alors les rameaux de l'arbre magique, notamment une poupée de carton, en jupe de soie bleue, qu'il qualifie de *jolie et gracieuse dame*. « Mais, ajoute-t-il, je n'en saurais dire autant du grand pantin qui se pendait contre la muraille et qu'on mettait en mouvement avec une ficelle... Il avait une expression sinistre, un nez atroce, et, quand il relevait les jambes jusqu'à son cou, il était difficile de rester seul avec lui sans avoir peur. » Un masque aussi avait été placé parmi les feuilles lustrées et les baies rouges du houx. « Quand donc me regarda-t-il pour la première fois, ce masque terrible ? Qui le mit sur son visage et pourquoi m'effraya-t-il à ce point que cette impression est une date dans ma vie ?... Je ne pouvais m'y accoutumer. Rien ne put, de longtemps, me distraire de mon émotion... Il ne servit guère de me montrer que le masque était de carton et puis de l'enfermer pour que je ne le visse plus sur aucun visage. Le souvenir seul de cette figure, l'idée qu'elle existait quelque part, cela suffisait pour me réveiller la nuit tout en sueur et criant : « Oh ! mon Dieu ! il vient... oh ! le masque ! »

L'imagination et le goût ne sont pas, du reste, seuls intéressés à ce qu'il soit fait un choix judicieux des jouets ; certains peuvent exercer une influence fâcheuse sur l'éducation morale : tels les jouets de grand prix, propres à exciter chez l'enfant la vanité et la morgue. Aussi, dénonçant comme un danger

public le luxe des poupées, H. Rigault écrivait-il
encore : « Passez la revue de ces princesses : ce n'est
que velours, satin et soie, bijoux, dentelles et rubans.
En les voyant, on s'écrie comme dans la *Tour de
Nesle* : « Ce sont de grandes dames ! » Elles sont
toutes à la mode..., péronnelles qui se guindent dans
leurs habits de soie, et qui ont l'air de dire à l'univers : Regardez-moi ! fi de leur impertinence et de
leur vanité ! Croyez-vous, dites-moi, que nos petites
filles aient absolument besoin que, dès l'âge le plus
tendre, leur poupée leur enseigne à poser devant le
genre humain ? Croyez-vous que ces lèvres pincées,
ces yeux en coulisse, toutes ces mines de mijaurées,
en grand uniforme, enseignent aux enfants le naturel et la simplicité ? Croyez-vous que ces Célimènes
au petit pied, qui ne connaissent pas le négligé, qui
ont toujours l'air d'aller en visite ou de partir pour le
bal, inspireront, madame, à votre petite fille, le goût
de la vie intérieure et des soins du ménage ? »

Et le spirituel écrivain réclamait plaisamment une
loi somptuaire qui frapperait, avec les toilettes de semblables poupées, leurs appartements, leur vaisselle et
leurs meubles par trop fastueux également. « Que
j'aime bien mieux, s'écriait-il, la chambre à vingt-cinq
sous, avec de petits meubles de noyer mal joints, mal
rembourrés, couverts d'une indienne qui joue la perse,
avec des lits sans couvre-pieds, des rideaux de cali-
cot blanc et une cheminée de carton... Combien je
préfère aussi ces fermes où du papier vert simule

agréablement des prairies pleines de chiens, de moutons, de chevaux et de vaches microscopiques ! Les ménages de fer battu, de métal anglais ou tout au plus de plaqué, voilà ce qui convient aux enfants mieux que l'argent et le vermeil ! C'est solide, c'est élégant et à bon marché, et le bon marché des joujoux, c'est l'économie, c'est l'aumône enseignée de bonne heure aux enfants. Faites-leur donner aux pauvres la moitié du prix dont ils payeraient le matin le jouet qu'ils briseront le soir, le jouet sera moins beau, mais le pauvre aura du pain, et l'enfant ne s'amusera pas moins (1). »

Ce n'est pas assez dire ; l'enfant s'amusera même bien davantage. Qu'arrive-t-il, en effet, lorsque le jouet a quelque prix ou est une œuvre d'art ? Les parents veulent le conserver et le mettent de côté. C'est toujours l'histoire que conte Mme d'Épinay, rappelant ses souvenirs de jeunesse : « Mon oncle et ma tante nous ont fait descendre un peu avant le dîner. Ils ont donné bien des joujoux à ma cousine et une petite cave d'argent pour ses étrennes, à condition que demain elle rende tout cela à ma tante, qui les serrera jusqu'à ce que ma cousine soit grande. »

« Voilà, remarque M. Léo Claretie, le sort des joujoux trop beaux, des poupées trop luxueuses. Tandis que la poupée prolétaire ou bourgeoise connaît les joies et les infortunes de la vie, les torgnioles et les caresses, la belle poupée de luxe paye chère-

(1 *Ouv. cité*, pp. 7-10.

ment son aristocratie par une réclusion prolongée dans les ais d'une armoire. Pour la ménager, pour lui épargner la détérioration inséparable des jeux de l'enfance, la maman la confisque et la range (1). »

Une excellente pratique est celle qui consiste à instruire l'enfant à fabriquer lui-même ses jouets. Le liège, par exemple, qui est d'un travail plus facile que le bois et qui n'exige pas d'outils spéciaux, peut être la première substance utilisée pour la confection de ces joujoux improvisés (2). A défaut de liège naturel, on emploie de vieux bouchons. Quant au matériel, il est très simple : un couteau de table, une planchette, sur laquelle on découpe les bouchons en

(1) *L'Exposition des jouets anciens* (*Revue politique et littéraire*, 2ᵉ semestre 1900, p. 346). Dans cet intéressant article, **M.** Léo Claretie, secrétaire de la classe des jouets à la dernière exposition universelle, fait voir que telle est la raison pour laquelle les objets exposés à la Rétrospective de la classe 100 étaient tous des objets d'un grand prix. Le joujou à bon marché d'autrefois a été détruit parce qu'il a servi. Nous ne le connaissons plus qu'en peinture. Les seuls jouets qui aient été conservés, sont les jouets coûteux. — Veut-on avoir une idée de la magnificence des poupées données comme étrennes, sous Louis XIV, aux fillettes de la cour ? Tallemant des Réaux (*Historiettes*, édit. P. Paris, t. I, p. 175) raconte que Mlle de Bourbon reçut du cardinal de la Valette « une poupée qui, avec la chambre, le lit, tout le meuble, le déshabillé, la toilette et bien des habits à changer, avait coûté 2.000 écus. »

(2) On peut aussi se servir de papier, de carton, de paille, etc. Consulter l'agréable petit livre de Mlle Kœnig : *Travaux récréatifs pour les enfants de 4 à 10 ans.*

les faisant rouler sous le couteau, une petite lime, des épingles, des bouts d'allumette et de corde. On arrive avec ce léger matériel à créer les modèles les plus variés. Lors d'un récent concours enfantin de joujoux en bouchons, il y a eu une profusion invraisemblable d'envois. Un garçon de huit ans et demi avait notamment, en compagnie de toute une arche de Noé, confectionné une chèvre, un rhinocéros, un loup, une vache et un phoque, d'une agréable exécution. Au même concours avaient été présentés une autruche, une poule, un ibis, un canard, un paysan chevauchant son baudet, fort bien réussis (1). En se livrant à cette industrie des joujoux en bouchons, les enfants auront l'occasion d'exercer leur adresse manuelle ; ils y trouveront donc à la fois plaisir et profit.

Quoi qu'il en soit, comme ce qui importe par-dessus tout, c'est de développer l'initiative de l'enfant, il ne faut pas intervenir quand il est occupé à un jeu. Après lui avoir donné quelques jouets, on doit le laisser à lui-même, lui permettre d'agir en toute liberté et toute indépendance. S'il paraît hésiter, tâtonner, gardez-vous de l'aider : non seulement vous le priveriez de la jouissance que lui procurera le ré-

(1) Voy. dans *La Nature*, numéro du 2 janvier 1904, un article de M. Arthur Good, *Joujoux en bouchons*, qui est acccompagné de la reproduction des divers animaux ci-dessus énumérés et qui indique les procédés employés pour les exécuter.

sultat qu'il veut atteindre, mais vous entraveriez l'exercice de son intelligence et de sa volonté; pour lui prêter assistance, vous le gêneriez dans son travail créateur. Songeons que le jeu est pour lui un divertissement et une étude tout à la fois, et qu'en développant son intelligence, il le forme aussi à l'habitude du travail. « L'expérience prouve, dit Sikorski, (*loc. cit.*, p. 546), que si on laisse l'enfant sur le plancher, seul avec ses joujoux, il reste souvent longtemps silencieux, absorbé dans ses divertissements et montrant tous les signes d'un travail intellectuel intense. L'abstention, la non-intervention de l'adulte, qui doit jouer un rôle passif et occuper le second plan, constitue, comme j'ai pu m'en convaincre par l'observation, *une condition indispensable du développement de l'attention et contribue à ce développement.* La passion et l'entraînement, avec lesquels l'enfant se livre au jeu, dans de pareilles conditions, sont quelquefois frappants. »

Cette sorte de neutralité à garder, si avantageuse aux enfants, fournira du même coup aux parents l'occasion de se rendre compte de leurs aptitudes et de leur caractère. A la rapidité et à l'exactitude plus ou moins grandes avec lesquelles un bambin imite les hommes, les animaux ou les objets, on reconnaît s'il est doué du talent d'observation; à l'originalité de ses inventions, on peut juger de son imagination et apprécier, à la variété de ses jeux, son degré d'intelligence. Les différences de naturel se manifestent également dans le jeu : certains y font preuve d'ardeur, d'énergie, d'audace ; d'autres, au contraire, s'y montrent apathiques, mous, craintifs. Ainsi avertis, les parents pourront donc, de très bonne heure, et cela avec grandes chances de succès, essayer de développer ou de corriger, de modifier dans un sens ou dans un autre, les qualités et les défauts de leurs enfants.

Il est d'ailleurs des cas, principalement dans les jeux entre camarades, où l'intervention des parents, et, à leur défaut, celle des maîtres, est parfaitement justifiée. On doit d'abord empêcher que le jeu se prolonge jusqu'à complet épuisement des forces. Outre l'évidente utilité qu'elle présente au point de vue hygiénique, cette restriction aura sur l'enfant une heureuse influence morale, puisque, par elle, il fera connaissance pour la première fois avec ce sage précepte des anciens : rien de trop, pas d'excès. En contenant le jeu dans de justes limites, en empêchant qu'il devienne trop passionnant et trop violent, on apprendra encore à l'enfant à se maîtriser. Une autre précaution importante consiste à écarter tout divertissement qui pourrait mettre la vie en danger ou compromettre la santé ; quoiqu'il ne faille pas cependant s'inquiéter trop aisément à ce sujet, comme il arrive quand il s'agit de ceux qui nous sont chers, car le courage, dont la valeur morale est si grande, ne peut être exercé que dans les cas où l'enfant qui grandit apprend à braver de sang-froid et avec confiance en soi des risques même sérieux (1). Il est nécessaire également d'intervenir quand on voit le penchant à la lutte se manifester d'une manière brutale ou méchante ; qu'on prenne garde ici aux simples taquineries : l'abus qui en est fait peut causer les dommages moraux les plus graves aussi bien à ceux qui s'y livrent qu'à ceux qui en sont victimes, engendrant, chez les uns, un esprit de domination, de contradiction, de querelle, chez les autres la timidité ou l'animosité.

Enfin, il faudra veiller à ce que les jeux ne soient pas d'un genre spécial et exclusif, parce qu'ils ne répondraient plus à leur but, qui est de contribuer au développement de la personnalité tout entière ; surtout faire en sorte qu'ils ne tournent pas à l'uniformité, à la routine, qu'ils ne perdent pas leur caractère instructif pour devenir un passe-temps dénué de sens. Dès la troisième année, en effet, l'enfant commence parfois à se montrer *paresseux*, ce qui se reconnaît à l'absence chez lui de curiosité, de vivacité et aussi de goût pour la recherche d'amusements nouveaux. Les causes de cette inertie proviennent d'ordinaire, tantôt d'un état physique peu satisfaisant, d'une insuffisance de nourriture ou de repos, tantôt d'un isolement trop continu de l'enfant ou d'une absence de stimulation. Il y a, dans ces cas, véritable incurie de la part des parents. Ne nous reposons pas sur la puissance et l'infaillibilité de l'instinct du jeu, mais fai-

(1) Voy. Groos, *Die Spiele der Menschen*, p. 525.

sons appel à l'activité et à l'initiative de nos enfants ; aidons-les, quand il en sera besoin, à organiser leurs divertissements ; encourageons-les à les varier, à les perfectionner même. Ainsi lutterons-nous contre la tendance qu'ils pourraient avoir à la paresse. Plus tôt nous entreprendrons cette tâche et plus elle sera aisée.

TABLE DES MATIÈRES

Préface I

INTRODUCTION

L'IMAGINATION CRÉATRICE CHEZ L'ENFANT

Variétés de l'imagination enfantine. — Elles proviennent : 1° de l'originalité plus ou moins grande ; — 2° de la diversité des matériaux ; — 3° du caractère. — Quatre stades principaux de son développement. — Premier stade : *Perception illusoire des choses:* — degrés divers : 1° rôle de l'imagination dans la perception normale ; — 2° jeux de l'imagination dans la perception indistincte ; — 3° illusions des sens ; — 4° hallucinations. — Exemples. — Illusion spéciale : amplification des choses ; — exemples divers. — Deuxième stade : *Animation de toutes choses :* — degrés divers : 1° croyance à l'existence partout répandue d'êtres dans la nature ; — 2° animation proprement dite des choses ; — 3° réification et personnification d'abstractions. — Exemples. — Troisième stade : *le Jeu.* — Quatrième stade : *l'Invention romanesque :* — degrés divers : 1° projection dans le monde réel des images évoquées par les récits et les lectures ; — 2° réalisation mentale des mêmes images ; — 3° invention proprement dite : — ses degrés propres. — Exemples divers. — Puissance de l'imagination enfantine. 1

CHAPITRE PREMIER

LA NATURE DU JEU

Théories diverses sur la nature du jeu. — 1. Le jeu considéré comme *récréation :* Lazarus, Guts Muths. — Exemples. — Insuffisance de cette conception. — 2. Explication du jeu *par excédent d'énergie :* Schiller, H. Spencer. — Exposé de cette théorie. — Ses rapports avec la précédente. — Faits à l'appui. — Que, malgré son importance, elle ne vaut pas pour tous les jeux. — Addition de Spencer : le jeu serait une *imitation de l'activité sérieuse.* — Opinion conforme de Wundt. — Insuffisance de l'imitation. — 3. Le jeu, *développement des instincts et apprentissage de la vie* : théorie de Groos. — Diversité des opinions sur l'origine de l'instinct. — Le jeu, *pratique héritée.* — Exemples. — Qu'il n'y a pas un instinct du jeu, mais des instincts se manifestant sous la forme du jeu. — L'instinct d'imitation. — Conclusion : Les jeux de jeunesse reposent sur des instincts. — Preuves.   . 23

CHAPITRE II

LA PSYCHOLOGIE DES JEUX DES ENFANTS

Les accompagnements psychiques de l'activité de jeu : le plaisir et l'illusion. — 1. *Le plaisir du jeu :* il résulte : 1° de la *satisfaction même de l'instinct* ; — 2° de la joie *d'être cause* ; exemples ; — et de la joie du *succès* ; exemples ; — le jeu est-il vraiment *désintéressé ?* — 3° du *sentiment de la liberté ;* — 4° de l'illusion. — 2. *L'illusion.* — Elle est de l'essence même de l'imagination. — L'illusion *consciente* ou volontaire et l'illusion *involontaire ;* — exemples. — Le plaisir qu'elle procure est en raison de sa vivacité ; — exemples. — Par suite tout ce qui peut désillusionner l'enfant lui déplaît ; — exemples. — *Mécanisme* de l'illusion. — La croyance et la rectification. — Deux moyens de *rectification* chez l'enfant : 1° les *circonstances* du jeu ; — 2° la conscience de sa propre *activité* 47

CHAPITRE III

CLASSIFICATION DES JEUX DES ENFANTS

Deux classifications possibles des jeux des enfants : 1° d'après leur origine ; — 2° d'après leur but. — I. Classification des jeux *d'après leur origine.* — Remarques préliminaires. — 1. Jeux *d'hérédité ;* — exemples. — 2. Jeux *d'imitation :* 1° jeux imitatifs de survivance ; exemples ; — 2° jeux d'imitation immédiate ou directe ; — cas divers ; — exemples. — 3. Jeux *d'imagination.* — Leurs principales formes : 1° métamorphose des choses ; — exemples ; — 2° vivification des joujoux ; — exemples ; — 3° création de jouets imaginaires ; — 4° transformation de la personnalité ; — exemples ; — 5° mise en action des contes ; — exemples. — II. Classification des jeux *d'après leur fonction éducative.* — 1. Jeux *de mouvement ;* — exemples. — Leur supériorité sur la gymnastique.

—2. Jeux *pour l'éducation des sens;* — exemples. — 3. Jeux *pour le développement de l'intelligence ;* — exemples. — 4. Jeux *émotionnels ;* — exemples. — 5. Jeux *pour la culture de la volonté ;* — exemples. — 6. Jeux *artistiques :* 1° jeu *pittoresque ;* — 2° jeu *épique ;* — 3° jeux *architectoniques ;* — 4° jeux *d'imitation plastique ;* — 5° jeu *dictural ;* 6° — jeux *dramatiques.* — Exemples divers . 75

CHAPITRE IV

LE JEU DE LA POUPÉE

Universalité du jeu de la poupée. — Historique. — Causes de la popularité de la poupée. — 1. Elle *donne satisfaction à l'instinct de maternité.* — Nature de l'illusion dont elle est l'objet ; — témoignages divers. — 2. Elle satisfait aussi *l'instinct d'imitation ;* — exemple. — 3. Elle satisfait enfin le *désir de jouer le rôle* de cause. Cas principaux : 1° l'enfant transforme sa poupée en un autre lui-même ; — 2° il en fait sa compagne de jeu : les poupées de la reine Victoria ; — 3° il prend plaisir à l'amuser ; — exemples divers. — Le sentiment de la peur, contraire au jeu ; — exemples. — Nécessité d'un choix en fait de poupées. 115

CONCLUSION

LES JOUETS D'ENFANTS

Le concours de jouets. — Diverses sortes de jouets. — Jeux de hasard ; — Jouets moralisateurs ; — Jouets historiques ; — Leurs dangers. — Jouets scientifiques et instructifs ; — Utilité et inconvénients. — Le système de M. Thomas Gradgrind. — Les automates ; — leur peu d'intérêt pour l'enfant. — Que les jouets les plus amusants sont les jouets les plus simples. — Pas trop de jouets à la fois. — Raisons qu'il y a de proscrire : 1° les jouets difformes ; — 2° les jouets luxueux. — Instruire l'enfant à fabriquer ses jouets. — Exemples : joujoux en bouchons. — Nécessité de respecter dans les jeux la spontanéité des enfants. — Utilité du jeu pour discerner les aptitudes et le caractère des enfants. — En quels cas l'intervention des adultes est requise. — Paresse des enfants à jouer. — Comment y remédier. 133

LIBRAIRIE FÉLIX ALCAN

OUVRAGES CITÉS DANS CE VOLUME

Collins. *Résumé de la philosophie de H. Spencer.* 4e éd., 1 vol. in-8, 10 fr.

Groos. *Les Jeux des animaux.* 1 vol. in-8, 7 fr. 50.

Max Nordau. *Paradoxes psychologiques.* 1 vol. in-12, 2 fr. 5o.

Guyau. *Éducation et Hérédité.* 1 vol. in-8, 5 fr.

B. Pérez. *Les Trois premières Années de l'enfant.* 1 vol. in-8, 5 fr.

— *L'Enfant de trois à sept ans.* 1 vol. in-8, 5 fr.

Preyer. *L'Ame de l'enfant.* 1 vol. in-8, 10 fr.

Ribot. *L'Hérédité psychologique.* 4e édit., 1 vol. in-8, 7 fr. 50.

— *Essai sur l'imagination créatrice.* 2e édit., 1 vol. in-8, 5 fr.

Richet. *L'Homme et l'intelligence.* 1 vol. in-8, 10 fr.

Souriau. *L'Esthétique du mouvement.* 1 vol. in-8, 5 fr.

Spencer. *Principes de psychologie.* 2 vol. in-8, 20 fr.

Sully. *Études sur l'enfance.* 1 vol. in-8, 10 fr.

— *Les Illusions des sens et de l'esprit.* 1 vol. in-8, cart., 6 fr.

Revue philosophique, dirigée par Th. Ribot, mensuelle; le n°, 3 fr.

Tours — Imp. E. Arrault et Cie — 2-7-04